www.tredition.de

Matthias Barth (*1955), Theologiestudium an der Universität Basel, dazwischen Ausbildung zum Sozialpädagogen in Zizers, Pfarrer in Kriens, Nidau und Schwarzenburg, Synodalrat in der Reformierten Kirche Kanton Luzern, seit 2019 im Ruhestand in Port (BE)

was.will.ich.glauben@gmail.com

Matthias Barth

Was will ich glauben?

Impulse für ein Christentum der Liebe und Vernunft

www.tredition.de

© 2020 Matthias Barth

Verlag und Druck:
tredition GmbH, Halenreie 40-44, 22359 Hamburg

ISBN
Paperback: 978-3-347-19546-2
e-Book: 978-3-347-19548-6

Das Werk, einschließlich seiner Teile, ist urheberrechtlich ge-schützt. Jede Verwertung ist ohne Zustimmung des Verlages und des Autors unzulässig. Dies gilt insbesondere für die elektronische oder sonstige Vervielfältigung, Übersetzung, Verbreitung und öffentliche Zugänglichmachung.

«Die den Lehren der Stifter aller grossen östlichen und westlichen Religionen gemeinsame Haltung besagt, das höchste Ziel des Lebens sei die Sorge um die Seele des Menschen und die Entfaltung seiner Kräfte der Vernunft und der Liebe.»

Erich Fromm

«Es ist ein ganz normaler, ja ein notwendiger Vorgang, dass eine Religion in einem sich geistig verändernden Umfeld neue Ausdrucksformen sucht, ja suchen muss. Eine Krise entsteht nur dann, wenn dies nicht geschieht.»

Helmut Fischer

Über mich und dieses Buch

Was will ich glauben? Ein ungewöhnlicher Titel für ein Glaubensbuch.

Die Frage erweckt den Anschein, als sei der christliche Glaube eine Angelegenheit subjektiver Beliebigkeit. Erwarten wir von einem Buch über den Glauben jedoch nicht eher Klarheit und Gewissheit? Ein stabiles Fundament, auf das wir bauen können? Zudem: Haben wir in unserer Kindheit nicht alle die christliche Überlieferung kennen gelernt als etwas Vorgegebenes, das menschlichem Wünschen und Wollen entzogen ist?

Noch heute heisst der kirchliche Unterricht im Kanton Bern Kirchliche Unterweisung, in anderen Kantonen Religionsunterricht (zu meiner Zeit Christenlehre). Der Begriff Sonntagschule ist inzwischen in den meisten Kirchgemeinden durch andere Bezeichnungen ersetzt worden. Alle diese Begriffe legen nahe, dass der christliche Glaube ein Gegenstand des Lehrens und Lernens ist. Eine Sammlung von unveränderlichen Glaubensinhalten: Dass Gott die Welt geschaffen hat, sich verschiedenen Personen offenbart und das Volk Israel als sein Volk erwählt hat. Dass er seinen Sohn in die Welt geschickt hat, der geboren wurde von der Jungfrau Maria. Dass Jesus am Kreuz gestorben ist, um uns von unseren Sünden zu erlösen. Und dass er nach drei Tagen leiblich auferstanden und danach in den Himmel aufgefahren ist. Sind das nicht Glaubenswahrheiten, die bleibende Gültigkeit haben, die unveränderlich sind und die man eben einfach glauben muss?

Auch ich habe eine religiöse Sozialisation erlebt, die mir den Glauben als etwas Vorgegebenes nahebrachte. In der Sonntagschule und im Religionsunterricht erzählten die LehrerInnen die biblischen Geschichten als wären es Tatsachenberichte. Die christlichen Glaubenswahrheiten hatten für mich als Kind denselben Stellenwert wie die Regeln der Rechtschreibung oder die Grundsätze der Mathematik. In meinem Elternhaus gab es an der

Existenz eines himmlischen Gottes keine Zweifel. Als meine Mutter mich auf dem Fussballplatz einmal fluchen hörte, rief sie mich nach Hause und fragte mich, ob ich wisse, was dieser Fluch bedeute. Ob es wirklich mein Wunsch sei, dass Gott mich dereinst verdammen werde. Ich weiss nicht mehr, was ich erwiderte, meine aber mich zu erinnern, dass die Ernsthaftigkeit in ihrer Stimme mir Eindruck machte. Heute ist mir bewusst: Auf Grund ihrer eigenen religiösen Sozialisation war es für sie eine echte Not, ihren Sohn so fluchen zu hören.

Meine religiöse Sozialisation erreichte ihren Kulminationspunkt, als ich mich mit knapp 17 Jahren an einer Evangelisationsveranstaltung der Jesus People-Bewegung bekehrte. Auf der Erinnerungskarte, die ich aufbewahrt habe, ist folgender Text zu lesen: „Durch Gottes Wort habe ich erkannt, dass ich verloren bin. Ich bekehre mich darum heute von ganzem Herzen zu meinem Erlöser Jesus Christus. Ich stehe ehrlich zu meinen Übertretungen und glaube, dass Jesus zur Vergebung auch meiner Sünden am Kreuz gestorben ist. Im Glauben an den Beistand des Heiligen Geistes bin ich entschlossen, ein neues Leben zu führen und mich zu Christus zu bekennen. Ich danke Gott für diesen entscheidendsten Tag meines Lebens." Unter diesem Text steht, in meiner Handschrift, das Datum und mein Name.

In den Jahren danach besuchte ich die Jugend-Bibelgruppe in meiner Kirchgemeinde. Ich schätzte dort die Möglichkeit, mich am Austausch über biblische Texte selber beteiligen zu können. Allerdings standen diese Bibelgespräche einzig im Dienst der Aneignung und Vertiefung der traditionellen Glaubenswahrheiten. Eine kritische Auseinandersetzung mit diesen fand nicht statt; es ging um ihre Anwendung auf unser Leben. Auch später in der Jungen Kirche, wo ich gerne im Leitungsteam Verantwortung übernahm, bewegte sich der Interpretations-Spielraum im selben Rahmen.

Eine erste kritische Distanz zu dieser in sich geschlossenen Glaubenswelt gewann ich durch mein Theologiestudium. Vor allem im Hinblick auf den Umgang mit der Bibel. Ich lernte, sie historisch-kritisch zu lesen. Historisch, das heisst als geschichtliches und nicht ihrer Entstehungszeit quasi enthobenes, göttlich inspiriertes Buch. Kritisch, weil unterschieden wird zwischen dem biblischen Bericht über ein Ereignis, allfälligen Vorstufen dieses Berichts und dem tatsächlich geschehenen Ereignis.

Dieser neue Zugang weckte mein Interesse. Er entsprach meiner Neigung, den Dingen auf den Grund zu gehen. Für bisher überlesene oder kleingeredete Ungereimtheiten erhielt ich einleuchtende Erklärungen. So lösten sich beispielsweise Widersprüche in der Schöpfungsgeschichte dadurch auf, dass ich sie als Zusammenstellung von zwei unterschiedlichen Erzählungen verstehen lernte: Ursprünglich von verschiedenen Verfassern aufgeschrieben, wurden sie später miteinander verbunden. Ich begriff, dass die Schöpfungserzählungen auch symbolisch verstanden werden können und nicht wörtlich geglaubt werden müssen. Meinen Glauben an die Existenz eines Schöpfergottes sah ich jedoch nicht in Frage gestellt. Ebenso wenig die anderen traditionellen christlichen Glaubenswahrheiten. Sie überstanden mein Theologiestudium unbeschadet.

Diesbezügliche Fragen und Zweifel meldeten sich dann aber je länger desto stärker im Laufe meiner pfarramtlichen Arbeit. Zweifel beispielsweise an der traditionellen gottesdienstlichen Gebetssprache bzw. deren Voraussetzung eines allmächtigen Gottes, der in unser Leben eingreift. Zweifel daran, dass der Unfalltod einer jungen Frau, die ich beerdigen musste, Gottes Wille war. Zweifel an der Vorstellung, dass ein guter Gott seinen Sohn für die Sünden der Menschheit kreuzigen lässt.

Bei der Suche nach Klärung meiner Zweifel stiess ich auf das Buch «Jenseits von Gott und Göttin. Plädoyer für eine spirituelle Ethik» (Carola Meyer-Seethaler). Das Buch war eine Offenbarung für mich: Es öffnete meinen Blick und bestärkte mich darin, meine

Fragen ernst zu nehmen und jenseits der traditionellen Glaubens-wahrheiten nach neuen Antworten zu suchen. Grosse Bedenken hatte ich allerdings, meine Glaubensfragen und meine Zweifel in die pfarramtliche Arbeit einfliessen zu lassen. Ich war der Mei-nung, ich müsste zuerst neuen Boden gewinnen, neue Antworten geben können. Auch befürchtete ich, Gemeindeglieder in ihrem Glauben zu verunsichern.

Zu einem ersten Umdenken führte mich der unerwartete Kir-chenaustritt eines Mitglieds meiner damaligen Kirchgemeinde. Ich lud die austrittswillige Person zu einem Gespräch ein. Zu meiner Überraschung schilderte mir mein Gegenüber mehr oder weniger dieselben Zweifel und Fragen an die christlich-kirchliche Tradi-tion, die auch mich umtrieben: Er könne vieles einfach nicht mehr glauben und deshalb nicht mehr guten Gewissens Mitglied der Kir-che sein. Mein Einwand, dass gerade in der reformierten Kirche auch kritisch mitdenkende Mitglieder erwünscht seien, mochte ihn nicht zu überzeugen. Zu wenig hatte er wohl die Erfahrung ge-macht, mit seinen Fragen willkommen zu sein. Zu sehr war sein Entfremdungsprozess vorangeschritten.

Diese Erfahrung motivierte mich, meine Fragen und kritischen Gedanken mit etwas weniger Zurückhaltung in meine pfarramtli-che Praxis einfliessen zu lassen. Nach wie vor aber befand ich mich in einer Spannung zwischen meinem persönlichen Glauben, der in grundlegender Veränderung begriffen war und demjenigen, den ich als Pfarrer in der Öffentlichkeit meinte vertreten zu müs-sen. Es war ein längerer und herausfordernder Weg des Lernens, auf diesen Glaubens-Spagat mehr und mehr zu verzichten.

Als anspruchsvoll empfand ich diesen Weg aus zwei Gründen: Einerseits bedeutete er, selber Abschied zu nehmen von langjähri-gen, prägenden und liebgewordenen Glaubensvorstellungen. Auch wenn sie für mich nicht mehr plausibel und nicht mehr lebbar wa-ren, empfand ich diesen Abschied als schmerzhaften und mit Trauer verbundenen Prozess. Und ich musste erfahren, wie schwierig es ist, ohne Skrupel und schlechtes Gewissen ein Gottesbild hinter mir zu lassen, das viele Jahre Grundlage meines Glaubens war. Anderseits ging ich diesen Weg in den ersten Jahren alleine. Setzte mich quasi im stillen Kämmerlein mit meinen Fragen und Zweifeln auseinander. Meine Begleiter waren einzig weitere Bücher, zum Beispiel die kritische Schrift des anglikanischen Bischofs John Shelby Spong «Was sich in der Kirche ändern muss», die mir in vielem aus dem Herzen sprach.

Ich ahnte zwar schon damals, dass es manch einer Pfarrkollegin, manchem Pfarrkollegen ähnlich ergehen musste. Es dauerte jedoch noch eine ganze Weile, bis sich im Anschluss an einen Weiterbildungskurs eine kleine Gruppe von Kolleginnen und Kollegen zusammenfand, die sich weiter zum Austausch treffen wollten. Uns verband die Erfahrung, dass die alten Glaubensvorstellungen uns nicht mehr zu tragen vermochten. Eine Glaubensreform schien uns unabdingbar – eine Reformation des Glaubens, die diesen Namen auch verdient. Und wir teilten die Überzeugung, dass in der Kirche Platz sein muss für Menschen, die zu den traditionellen Glaubensvorstellungen keinen Zugang mehr finden.

In der Folge entwickelte sich ein äusserst fruchtbarer Austausch und eine gegenseitige Unterstützung, insbesondere bei der Suche nach einer neuen liturgischen Sprache im Gottesdienst. Weg vom traditionellen Bild eines jenseitigen und allmächtigen Gottes, der die Welt regiert, gingen wir der Frage nach: Was kann nach dem Abschied von dieser Gottesvorstellung der neue Sinn des Wortes 'Gott' sein? Eine Frage, die weitere Fragen auslöste. Und bei mir selber letztlich zur ganz grundsätzlichen Frage führte: Was will ich glauben?

Auch wenn diese Frage als Ausdruck subjektiver Beliebigkeit verstanden und damit diskreditiert werden kann – ich halte sie für unverzichtbar. Sie stellt sich jedem Menschen, der heute als (religiös) mündiger Mensch seinen Glauben selber verantworten will.

Man mag kritisch einwenden, ob dieser selbstbestimmte Umgang mit dem Glauben nicht dessen Unverfügbarkeit – traditionell gesprochen dessen Geschenkcharakter – in Frage stellt. Ich sehe dies anders. Denn vieles, das mich inspiriert, bewegt, überzeugt, kommt mir weiterhin von aussen zu. Fällt mir zu, ohne mein Zutun.

Ich habe dieses Buch verfasst als eine Art Bilanz meines zurückliegenden Suchprozesses. Es ist der Versuch, meine Antworten auf die Frage: Was will ich glauben? in Worte zu fassen. Diese Frage wird mich weiter begleiten. Insofern verstehe ich meine Überlegungen und Impulse nicht als Schlussbilanz, sondern als Standortbestimmung auf meinem persönlichen Weg des Glaubens.

Zum Schreiben motiviert hat mich auch die Begegnung mit Menschen, die ebenso auf der Suche waren. Die sich – in Anknüpfung an die christliche Überlieferung oder sich von ihr abgrenzend – mit ihren Glaubensfragen und Glaubenszweifeln auseinandersetzten. Zu oft finden sie in der Kirche keinen Raum dafür. Er bleibt denen vorbehalten, die mit den alten Antworten noch gut leben können. Ich widme dieses Buch all denen, die sich damit nicht mehr zufriedengeben wollen und nach neuen Antworten suchen.

Hinweise zur Lektüre

Es ist ein waghalsiges Unterfangen, auf ein paar Dutzend Seiten die breite Palette traditioneller christlicher Glaubensbegriffe neu zu deuten, wie ich es im ersten Kapitel tue. Ohne Verkürzung und Vereinfachung ist das nicht möglich. Dabei habe ich versucht, den Ratschlag von Albert Einstein zu befolgen: «Mache die Dinge so einfach wie möglich, aber nicht einfacher.»

Trotzdem mag wohl der eine oder die andere mein Vorgehen wegen allzu grober Vereinfachung als theologisch fragwürdig beurteilen. Ich würde diesen Einwand mit Fassung tragen und entgegnen: Nicht wegen zu grosser Vereinfachung, sondern weil sie zu kompliziert und zu welt- und lebensfremd geworden sind, haben Theologie und Christentum für weite Kreise ihre Bedeutung verloren.

Neben Kürze und Einfachheit setzte ich mir zum Ziel, klar und prägnant zu formulieren, um die Konturen meiner Überlegungen möglichst deutlich zum Ausdruck zu bringen. Wichtiger als umfassend abgestützte und wohlabgewogene Formulierungen war mir eine eindeutige Ausdrucksweise – da oder dort auch provokativ zugespitzt – um die Aspekte, auf die es mir ankommt, ins Licht zu rücken. Diese Prägnanz soll nicht als Absolutheit verstanden werden. Ich sehe meinen Ansatz auch nicht als einzig mögliche Alternative zum traditionellen Glaubensverständnis. Ich möchte jedoch für diejenigen eine Brücke schlagen, die sich vom Christentum innerlich distanziert haben, weil sie vieles nicht mehr glauben können, von dem sie meinen, es glauben zu müssen.

In der Regel – auch wenn dies nicht explizit vermerkt ist – beziehe ich mich auf die christliche Tradition und religiöse Entwicklungen, wie sie sich im europäischen Raum manifestiert haben. Im dritten und vierten Kapitel richte ich den Fokus auf die kirchlichen Verhältnisse in der Schweiz und dabei insbesondere auf die reformierte Kirche.

Damit die einzelnen Kapitel in sich selber verständlich sind, liess sich die eine oder andere Wiederholung nicht vermeiden. Da und dort verweise ich auf Ausführungen in einem anderen Kapitel. Es ist auch möglich, nach der Lektüre des ersten, grundlegenden Kapitels, die Lese-Reihenfolge nach eigenem Interesse zu gestalten.

Die Literatur, auf die ich Bezug nehme und aus der ich zitiere, ist weder ausgewogen noch umfassend. Es handelt sich hauptsächlich um diejenigen Bücher, die mich im Laufe der vergangenen etwa 15 Jahre begleitet und angeregt haben. Die Zitate sind auch als Referenz an deren Verfasser zu verstehen und bringen zum Ausdruck, dass ich meine Gedanken vielfacher Anregung verdanke.

Die Quellen der Zitate aus Büchern sind im Literatur-Verzeichnis zu finden, diejenigen aus dem Internet unter der jeweiligen Nummer (L1,2,3, usw.) im Link-Verzeichnis. Das Link-Verzeichnis ist auch online abrufbar.

1. Glaubenswahrheiten – hinterfragt und neu gedeutet

Um es vorwegzunehmen: Ich sehe hinter den Glaubensvorstellungen des Christentums keinen himmlischen Ursprung mehr. Sie haben irdische Wurzeln. Menschen haben sie formuliert, weiterentwickelt, über sie gestritten – und haben sie schliesslich zu göttlichen Glaubenswahrheiten erklärt. Als solche sind sie heute für viele unglaubwürdig geworden. Trotzdem halten die Kirchen an ihrer Unabänderlichkeit fest. Mein Anliegen ist es, sie vom Ballast der göttlichen Herkunft zu befreien und sie neu zu deuten als religiöse – wenn man will auch spirituelle – Ressourcen einer menschenfreundlichen Lebensbewältigung.

Mit den Begriffen Liebe und Vernunft im Untertitel des Buches signalisiere ich, zwischen welchen Polen sich meine Deutung bewegt. Zur Liebe wird in den folgenden Kapiteln vieles ausdrücklich und wiederholt gesagt werden. Deshalb verzichte ich hier auf weitere Ausführungen. Die Vernunft hingegen kommt weniger explizit zur Sprache, sie steckt aber deutlich spürbar in meiner Argumentation. Ja, für den einen oder die andere mag es des Guten etwas gar viel sein. Trotzdem – oder gerade deshalb – an dieser Stelle einige Gedanken dazu.

Oft werden Glaube und Vernunft, glauben und denken als unvereinbare Gegensätze gesehen. Einerseits von Religionskritikern, die fragen: Glaubst du noch oder denkst du schon? Anderseits von Religionsvertretern, die fordern: Das musst du eben einfach glauben! In beiden Fällen steckt hinter dieser Entgegensetzung ein Verständnis von Glauben als Übernahme vorgegebener Glaubensinhalte – auch dann, wenn diese vernünftigem Denken widersprechen. Ein Verständnis von Glauben als – wenn es sein muss blinder – Glaubensgehorsam.

Glaube, so wie ich ihn verstehe (siehe Kap. 1.10), steht nicht im Widerspruch zur Vernunft. Im Gegenteil: Der Glaube ist auf die Vernunft angewiesen. Der katholische Theologe Gotthold Hasenhüttl illustriert das mit folgendem Bild: Die Religionen bzw. deren Heilige Schriften gleichen Seen, aus denen Trinkwasser gewonnen wird. Das Seewasser stammt aus verschiedenen Quellen und enthält auch durch Menschen verursachte Verunreinigungen. Deshalb darf man dieses Wasser nur trinken, wenn es von einer Kläranlage gereinigt worden ist. Zu dieser Kläranlage der Religionen und ihrer Heiligen Schriften sagt Hasenhüttl: «Sicher ... ist, dass der Name der Kläranlage Vernunft und Liebe ist.» (GH 15)

Die Bedeutung des Klärfilters Vernunft stellten die Kirchen lange Zeit kaum grundsätzlich in Frage. Die Kirchen- und Theologiegeschichte mit ihren Debatten, den Gottesbeweisen, den Versuchen, die kirchliche Lehre mit philosophischen Erkenntnissen in Einklang zu bringen, strotzt von denkerischen Leistungen. Mittelalterliche Kirchenlehrer wie Petrus Abaelardus (11./12. Jh.) konnten Sätze sagen wie: «Man kann nicht glauben, was man nicht versteht.» (HH KeC 127) Als jedoch die Erkenntnisse der Aufklärung etwa ab dem 17. Jahrhundert den Klärfilter Vernunft auf revolutionäre Art verbesserten und verfeinerten, verweigerten die Kirchen dessen weitere Verwendung. Sie befürchteten, das Wasser des Glaubens verliere seine Substanz. Mit dieser Verweigerung erklärten sie Glauben und Vernunft zu Kontrahenten. Sie verhinderten damit – auch zu ihrem eigenen Schaden – eine vernünftige, zukunftsgerichtete Weiterentwicklung des christlichen Glaubens.

1.1 Offenbarung – vom Himmel geholt

Warum halten sich die traditionellen christlichen Glaubenswahrheiten so hartnäckig, obwohl sie für einen Grossteil der Menschen nicht mehr mit ihrem Weltbild vereinbar sind? Das hat zunächst damit zu tun, dass sich christlicher Gottesglaube seit seinen Anfängen als Antwort auf eine übernatürliche, göttliche Offenbarung versteht.

Hinter der Offenbarungs-Idee steht einerseits die Vorstellung eines überirdischen Gottes. Anderseits die Überzeugung, dass dieser Gott den Menschen seinen Willen kundtut. Offenbarung wird also verstanden als übernatürliches Geschehen, als Einbruch von einem Jenseits ins Diesseits.

Im engeren Sinn gilt Jesus Christus als Offenbarung Gottes. Weil das Neue Testament von dieser Offenbarung Zeugnis ablegt, wird in einem weiteren Sinn auch die Bibel als Offenbarung, als geoffenbartes Wort Gottes verstanden. Mehrfach lesen wir im Heidelberger Katechismus (16. Jh.) – dem Klassiker für reformiertes Glaubensverständnis – Gott habe sich in seinem Wort offenbart.

Die Unveränderlichkeit der überlieferten christlichen Glaubenswahrheiten hat ihren Grund also letztlich in der Autorität übernatürlicher göttlicher Offenbarung. Traditioneller christlicher Glaube ist damit im Kern immer Gehorsam dieser Autorität gegenüber.

Offenbarung, verstanden als Manifestation von etwas Übernatürlichem, kommt mehr oder weniger in jeder Religion vor. Auch in Religionen, die sich – anders als das Christentum mit der Menschwerdung Jesu – nicht auf ein bestimmtes geschichtliches Offenbarungsereignis berufen.

Von göttlicher zu menschlicher Autorität
Die Behauptung übernatürlicher bzw. göttlicher Autorität hat notwendigerweise zu menschlicher Autorität geführt, welche die Offenbarung vermittelt, interpretiert und durchsetzt. Am deutlichsten Ausdruck gefunden hat dieser Umstand im päpstlichen Lehramt der römisch-katholischen Kirche. In der reformierten Kirche ist diese menschliche Autorität weniger fassbar. Es sei denn, sie tritt

in Gestalt von geistliche Autorität beanspruchenden, oft fundamentalistisch ausgerichteten (Pfarr-)Personen auf.

Durch die Entwicklung des frühen Christentums zur Kirche, im 4. Jahrhundert dann zur Staatskirche, verband sich diese menschliche Autorität mehr und mehr mit institutioneller Macht. Dies erleichterte die Durchsetzung einer bestimmten Interpretation der göttlichen Offenbarung erheblich. Wer sich ihr nicht fügte, musste mit dem Ausschluss, während Jahrhunderten gar mit dem Tod als KetzerIn rechnen.

Darin zeigt sich ein weiteres Problem des traditionellen christlichen Offenbarungsglaubens, nämlich die ihm innewohnende Tendenz zur Absolutheit. Diese wirkte sich nicht nur innerkirchlich aus, sondern bestimmte ebenso das Verhältnis zu anderen Religionen.

Der Absolutheitsanspruch des Christentums gegen aussen kleidete sich beispielsweise in Worte wie diese: «Die Offenbarung Gottes in Jesus Christus gilt als abschliessend, endgültig, unüberbietbar, universal. Mag Gott sich auch sonst noch auf mancherlei andere Weise ... offenbart haben und noch offenbaren ... – entscheidend hat er es durch Jesus Christus getan ... In ihm hat Gott endgültig und ein für allemal zur Welt 'geredet': Jesus Christus ist das 'Wort Gottes' an die ganze Menschheit.» (HZ 261)

Ein grosser Teil der gewalttätigen Auseinandersetzungen zwischen den Religionen hat mit deren je behauptetem Anspruch auf die Letztgültigkeit der eigenen Offenbarung zu tun. Und je stärker sich eine Religion für ihre Wahrheit auf exklusiven, übernatürlichen Ursprung beruft, desto weniger wird sie zu einem Dialog auf partnerschaftlicher Ebene bereit sein. (Ohne hier näher auf die Problematik der Religionskriege eingehen zu wollen, möchte ich immerhin festhalten: Nicht jede als 'Religionskrieg' deklarierte Auseinandersetzung hat rein religiöse Ursachen. Die Wirklichkeit ist meist komplexer als es die Etiketten suggerieren, mit denen sie versehen wird.)

Behauptete Autorität

Die grundlegende Problematik von durch Menschen beanspruchter göttlicher Autorität liegt darin, dass sie einfach behauptet werden kann. Sie lässt sich weder beweisen noch widerlegen. Man kann ihr höchstens widersprechen. Am wirkungsvollsten natürlich, wenn man sich ebenfalls auf göttliche Offenbarung beruft. Göttliche Autorität steht dann gegen göttliche Autorität. Die Berufung auf göttliche Autorität entpuppt sich so letztlich als Totschlagargument – wie die Geschichte zeigt, manchmal gar im wörtlichen Sinn.

Damit ist auch gesagt, dass durch Berufung auf göttliche Autorität die Inhalte letztlich beliebig werden. Göttliche Autorität lässt sich in Anspruch nehmen für alles Mögliche; und damit sowohl für, aber auch gegen dasselbe Anliegen. So haben beispielsweise der Theologe Karl Barth und die Bekennende Kirche in Deutschland ein deutliches Nein im Namen Gottes zum Nationalsozialismus ausgesprochen. Aber auch Adolf Hitler hat sich auf göttliche Autorität berufen, u.a. in «Mein Kampf»: «So glaube ich heute im Sinne des allmächtigen Schöpfers zu handeln: Indem ich mich des Juden erwehre kämpfe ich für das Werk des Herrn.» (L1)

Da ich nicht mehr an einen überirdischen Gott glauben kann und will, ist für mich die Vorstellung einer göttlichen Offenbarung sinnleer geworden. Trotzdem behält der Begriff 'Offenbarung' für mich eine Bedeutung. Im Vorwort habe ich geschrieben, dass die Lektüre des Buches von Carola Meier-Seethaler eine Offenbarung für mich war, weil sie mir neue Horizonte eröffnete. Der Theologe Gotthold Hasenhüttl beschreibt diese innerweltliche Möglichkeit einer Offenbarungserfahrung so: «Wir meinen damit, dass wir im Umgang mit Sachen und vor allem mit Menschen eine Erfahrung gemacht haben, die uns etwas zeigt, wodurch wir klüger, erfahrener geworden sind.» (GH 16)

Das bedeutet, dass Offenbarung zwar von aussen zu mir kommt, aber doch eine irdische Erfahrung ist. Zudem hat nichts aus sich

21

selbst heraus Offenbarungscharakter. Es braucht meine Reaktion, damit etwas für mich zur Offenbarung wird. Der holländische Pfarrer Klaas Hendrikse illustriert dies am Beispiel einer Inschrift über einem Fischladen: «Unser Hering, eine Offenbarung!» (KH 153) Nur wenn ich zugreife und der Hering mir schmeckt, entscheidet sich, ob er auch für mich eine Offenbarung bedeutet.

Solche Offenbarungserfahrungen kann ich ebenso in der Musik oder Literatur, in der Kunst überhaupt oder in der Natur machen. Oder in zwischenmenschlichen Begegnungen. Und – gewiss – beim Lesen der Bibel. In diesem Sinn kann auch die Begegnung mit Jesus in den von ihm überlieferten Geschichten für mich zur Offenbarung werden. Wenn ich denn diese Erfahrung so nennen will.

Fazit: Die Vorstellung einer göttlichen Offenbarung führte dazu, dass zeitbedingte menschliche Erfahrungen und ihre Deutungen zu zeitlosen Wahrheiten wurden. Das Festhalten an der Offenbarungs-Idee erschwerte eine Weiterentwicklung des Christentums auf der Basis der Vernunft. Zudem trägt die Berufung auf göttliche Offenbarung eine Tendenz zur Absolutheit in sich, insbesondere dort, wo sie sich mit institutioneller Macht verbindet. Da sie einfach behauptet werden kann, kann sie für beliebige Inhalte in Anspruch genommen werden.

Aus diesen Gründen hat die Rede von einer Offenbarung als göttliche Mitteilung einer allgemein gültigen Wahrheit für viele ihre Plausibilität verloren. Von Offenbarung kann ich als einzelner Mensch aber dort sinnvoll sprechen, wo sich mir durch eine persönliche Erfahrung eine bisher unbekannte Vertiefung oder Ausdehnung meiner Lebenswirklichkeit eröffnet.

1.2 Bibel – von Menschen für Menschen geschrieben

Nach traditionellem kirchlichem Verständnis hat Gott die Verfasser der biblischen Schriften in Dienst genommen, um von seiner Offenbarung Zeugnis abzulegen. Auf Grund dieser Zeugnisfunktion erhielt die Bibel eine immense Bedeutung im Selbstverständnis des Christentums. Sie wurde zur Heiligen Schrift. Und wurde mehr und mehr selber als Wort Gottes verstanden. Der Katechismus der römisch-katholischen Kirche hält fest: »Die Heiligen Schriften enthalten das Wort Gottes und weil inspiriert, sind sie wahrhaft Wort Gottes.» (KKK 135)

Die reformierten Kirchen hielten – auf theologischer Ebene – in der Regel am Zeugnischarakter der Bibel fest. In der Verkündigung wurde jedoch oft der Ausdruck 'Wort Gottes' verwendet. Zudem leisteten manche Theologen und theologische Strömungen einer Gleichsetzung von Wort Gottes und Bibel Vorschub oder vertraten diese gar ausdrücklich. Jedenfalls wird die Bibel heute in weiten Kreisen als Wort Gottes verstanden. Auch die Formulierung auf der Website der Evangelisch-reformierten Kirche Schweiz legt ein solches Verständnis nahe: «Weil Gott selbst durch sein Wort zu den Menschen spricht, waren, sind und bleiben die biblischen Texte keine historischen Dokumente oder antike Zeitzeugnisse ... Sie sind vielmehr lebendiges, wirkendes Wort.» (L2)

Zwar erforschen die historisch-kritischen Bibelwissenschaften seit Generationen die Bibel als geschichtliches Buch. Sie haben längst aufgezeigt: Die biblischen Texte geben keine zeitlosen Worte Gottes wieder, sondern sie sind vielfältige und zeitbedingte menschliche Glaubenszeugnisse. Doch leider wurden diese Erkenntnisse in Religionsunterricht und Gottesdienst kaum weitergegeben. Viele ZeitgenossInnen halten es deshalb immer noch für eine Bedingung des Christseins, glauben zu müssen, was in der Bibel steht. Und weil sie das nicht mehr mit ihrer heutigen Welterfahrung in Einklang bringen können, ist die Bibel für sie ein unglaubwürdiges Buch geworden.

Am Verständnis der Bibel als Wort von absoluter göttlicher Autorität lässt viele auch der Umstand zweifeln, dass im Laufe der Kirchengeschichte alles Mögliche und Unmögliche biblisch begründet wurde: Das Patriarchat, die Sklaverei, Kriege und Hexenverbrennungen, Homophobie und Zölibat.

Bis in unsere Zeit werden ethische Fragen mit biblischer Begründung beantwortet. So beispielsweise das Für und Wider zur Ehe für alle. Die Befürworter argumentieren, sie entspreche dem Schöpferwillen Gottes. Die Gegner sind hingegen der Meinung, die biblische Schöpfungsordnung begrenze die Ehe auf eine Verbindung zwischen Mann und Frau. Auch diese Debatte macht deutlich: Ein Bibelverständnis, das der Bibel göttliche Autorität beimisst und konkrete Anweisungen direkt aus einzelnen Versen ableiten will, führt in eine Sackgasse.

Der Verzicht auf die Vorstellung einer übernatürlichen göttlichen Offenbarung verändert das Bibelverständnis: Die Bibel ist nicht mehr Gotteswort, sondern Menschenwort. Ich plädiere dafür, die Erkenntnisse der historisch-kritischen Theologie ernst zu nehmen (und sie auch den Kirchenmitgliedern und Gottesdienstteilnehmenden zuzumuten): Die Bibel enthält kein göttlich inspiriertes Wissen über die Entstehung des Universums und des Lebens auf der Erde. Sie präsentiert keine göttlichen Wahrheiten über das Leben und die Bedeutung Jesu. Und auch als Menschenwort verstanden, vermittelt sie kein Faktenwissen über Gott und die Welt und bietet keine christliche Lehre für Fragen von heute. Sie erzählt aber in vielfältiger Weise davon, wie Menschen in alt- und neutestamentlicher Zeit ihre Lebenserfahrungen von ihrem Gottesglauben her verstanden und gedeutet haben.

Ein Buch wird zum Denkmal
Das Wort 'Bibel' geht auf das griechische 'biblia' zurück und bedeutet 'die Bücher'. Schon diese Bezeichnung bringt zum Ausdruck: Die Bibel ist eine Bibliothek. Hunderte von Autoren und

Redaktoren haben während mehr als 1000 Jahren an ihr mitgearbeitet. Haben neue Geschichten geschrieben und ältere überarbeitet. «Jede Zeit hatte (an der Bibel) weitergeschrieben und das Gottesbild den jeweiligen Bedürfnissen angepasst.» (vSM 448) Die Bibel kann aus diesem Grund gar nicht mit einer Stimme sprechen, sondern ist, wie die Alttestamentler Othmar Keel und Thomas Staubli bemerken, ein «Hundert-Stimmen-Strom» (vSM 24).

Mehr und mehr sahen sich deshalb das Judentum und das junge Christentum zur Klärung genötigt, welche dieser Schriften für die Zukunft massgebend sein sollten und welche nicht. Im Judentum geschah dies gegen Ende des 1. Jahrhunderts nach Christus. Das Christentum übernahm diese Schriftensammlung und stellte sie als 'Altes Testament' dem 'Neuen Testament' voran. Den definitiven Umfang des Neuen Testaments legte die Kirche um das Jahr 400 n. Chr. fest.

So verständlich und wohl auch unumgänglich dieser Schritt war, er führte dazu, dass die Bibel von einem lebendigen, sich ständig aktualisierenden Medium zu einer Art Denkmal einer vergangenen Zeit wurde. Konserviert als Heilige Schrift, sollte sie Gottes Wort in reiner Form bewahren.

Tagebuch der Menschheit
Wenn ich die Bibel nicht mehr als Gottes Wort, sondern als Menschenwort verstehe, schmälere ich ihre Bedeutung keineswegs. In ihrem spannenden und erkenntnisreichen Buch über die Bibel bezeichnen der Anthropologe und Evolutionsbiologe Carel van Schaik und der Historiker und Literaturwissenschaftler Kai Michel sie gar als wichtigstes Buch der Menschheit. Obwohl oder vielmehr, *weil* sie die Bibel nicht mehr als Gottes Wort, sondern als Menschenwort, nämlich als «Tagebuch der Menschheit» (vSM 7) lesen. Ihr Ansatz, an die Bibel als Dokument der kulturellen Evolution der Menschen heranzugehen, überzeugt mich (siehe Kap. 2.2). Viele biblische Aussagen, die als bare Münze genommen unverständlich bleiben, erscheinen in neuem Licht. Widersprüchli-

ches erscheint auf einmal logisch. Beispielsweise, weshalb der Gott des Alten Testamentes oft so zornig und gewalttätig in Erscheinung tritt.

Ich erlebe es als äusserst befreiend, die Bibel nicht mehr als Wort Gottes, als «makellose Schrift eines makellosen Gottes» (vSM 488) verstehen zu müssen. Und ich bin überzeugt, dass dieses Verständnis vielen Zeitgenossen einen neuen Zugang zur Bibel ermöglichen kann. Denn: «Dieser Anspruch ist es ja, der die Bibel für viele Menschen unverständlich macht: Wie kann das Buch Gottes so voller Fehler und Grausamkeiten stecken? Warum ist dieser Gott oft so zornig? Nein, die Bibel ist keine perfekte Schrift. Diese Erwartung kann sie nicht erfüllen. Muss sie auch nicht.» (Ebd.)

Zudem verhilft diese neue Sicht zu einem entspannteren Umgang mit der Bibel. Wenn wir sie als Tagebuch der Menschheit lesen, können wir sie in guten Treuen unterschiedlich verstehen. Voneinander abweichende Deutungen führen nicht mehr zum Streit über die göttliche Wahrheit. Vielleicht sollten wir die Bibel auch weniger den TheologInnen zur Auseinandersetzung überlassen als den DichterInnen und anderen Vertretern der Künste: Sie könnten mit ihrer Kreativität die alten Texte neu und vielfältig zum Sprechen bringen.

Fazit: Die Bibel ist und bleibt ein besonderes Buch – auf Grund ihrer Entstehungsgeschichte, wie auch auf Grund der unzähligen menschlichen Ur-Erfahrungen, von denen sie berichtet. Sie ist jedoch ein Produkt ihrer Zeit und in vielem auf dem (Wissens-)Stand des Altertums stehen geblieben. Ihre Bezeichnung als Gottes Wort ist missverständlich, weckt falsche Erwartungen und verunmöglicht manchen ZeitgenossInnen den Zugang. Ihrer Eigenart und Bedeutung angemessener ist die Bezeichnung als Tagebuch der Menschheit.

1.3 Gott – wenn Liebe geschieht

Im Jahr 2009 machte die Plakatkampagne der Freidenker-Vereinigungen in verschiedenen Ländern Schlagzeilen, so auch in der Schweiz: «Da ist wahrscheinlich kein Gott. Also sorg dich nicht und geniesse das Leben». Die öffentlichen Reaktionen reichten von schroffem Widerspruch bis zur unverkrampften Stellungnahme der Schweizerischen Evangelischen Allianz, welche die Kampagne begrüsste: Sie rege das Nachdenken und die Diskussion über die Existenz Gottes an.

Was mich betrifft, kann ich dem Slogan der FreidenkerInnen sogar zustimmen: Diesen Gott, den sie für (wahrscheinlich) nicht existent erklären, gibt es auch für mich nicht – und zwar definitiv nicht. Zu einem Gott, der allmächtig im Himmel oben sitzt und uns am Lebensgenuss hindert – zu einem solchen Gott kann ich nur Nein sagen. Meine Einigkeit mit den FreidenkerInnen rührt daher, dass sich ihre Kampagne gegen das traditionelle christliche Gottesverständnis richtet, nämlich gegen einen theistisch verstandenen Gott. Was ist damit gemeint? Ich lasse den Theologen Helmut Fischer antworten: «Als Theismus bezeichnen wir den Glauben an einen einzigen, persönlichen, ausser- und überweltlichen Gott, der als Schöpfer einer Welt gegenübersteht, die er geschaffen hat, die er erhält und in deren Lauf er in freier Entscheidung jederzeit eingreifen kann.» (HF ChG 163)

Ich beziehe mich in meinen Ausführungen zum theistischen Gottesverständnis jeweils auf diese Definition. Sie enthält die wesentlichen Elemente des traditionellen christlichen Gottesbegriffs und beschreibt kurz und anschaulich das Bild, das manche ZeitgenossInnen sich nach wie vor vom biblisch-christlichen Gott meinen machen zu müssen.

Problematisch an der theistischen Gottesvorstellung finde ich, dass sie auf einem Weltverständnis beruht, das aus der Zeit vor der Aufklärung stammt. Sie hat deshalb für mich – aber auch für viele Menschen von heute – ihre Überzeugungskraft und ihre Glaubwürdigkeit verloren. Befragungen der letzten Jahrzehnte zu Religion und Gottesvorstellungen zeigen immer wieder: Nur eine kleine Minderheit kann sich Gott noch als Person vorstellen und als Schöpfer der Welt, der in das Leben jedes Einzelnen eingreift. Das stellte ich jeweils selber fest, wenn ich meine Konfirmandinnen und Konfirmanden im Rahmen des Unterrichts ihr persönliches Glaubensbekenntnis formulieren liess. Da las ich immer wieder Sätze wie: «Ich glaube nicht unbedingt an einen Gott, wie er in der Bibel steht. Der da oben sitzt und uns beschützt. Ich glaube eher, dass Gott ein Gefühl ist, ein Weg oder eine Denkensweise.»

In der kirchlichen Verkündigung ist das theistische Gottesverständnis jedoch nach wie vor weit verbreitet und wird in den Gottesdiensten – mehr oder weniger explizit – zelebriert: «Allein Gott in der Höh sei Ehr … ganz unbegrenzt ist deine Macht, allzeit geschieht, was du bedacht …» – um nur einen der zahlreichen theistischen Liedtexte im reformierten Gesangbuch anzuführen. (RG 221) Auch in vielen Gebeten wird nach wie vor die Erwartung ausgedrückt, dass Gott direkt in das Weltgeschehen und in das Leben Einzelner eingreifen kann und wird: «Gott, da sind Menschen, die Leid ertragen müssen. Erlöse sie von ihrer Not. Da sind Menschen, die andere töten. Verwandle Gewalt in Barmherzigkeit. Da sind Menschen, die krank und ohne Hoffnung sind. Heile du Körper und Seele.» (L3)

Mit solchen Gebetstexten wird auf Gott abgeschoben, was Aufgabe der Menschen ist. Aus diesem Grund ist für die Theologin Dorothee Sölle der theistische Gottesglaube «nicht nur weltbildlich überholt …, sondern auch existentiell schädlich.» (DS DRe 71) Weltbildlich überholt, weil die Wissenschaft heute viele Dinge erklären kann, die früher auf ein Eingreifen Gottes zurückgeführt wurden. Existentiell schädlich, weil wir uns immer über das Leiden anderer hinwegtrösten können damit, dass immerhin der Vater im Himmel diesen Menschen nahe ist. Statt uns zu fragen, ob wir nicht selber mehr tun können.

Das Verhängnis des theistischen Gottesglaubens besteht im Grunde darin: Ein geschichtlich entstandenes und damit zeitbedingtes Gottesverständnis – das einst seinen Sinn und seine Bedeutung hatte – wurde auf das christliche Gottesverständnis übertragen und für alle Zeiten festgeschrieben. Zwar haben einzelne Theologinnen und Theologen in neuerer Zeit diese Verknüpfung immer wieder kritisiert, allerdings ohne, dass diese Kritik und ein neues Gottesverständnis bis zur kirchlichen Basis vorgedrungen wären – von wenigen Ausnahmen abgesehen.

Gott nicht-theistisch verstehen
Welcher Gestalt könnte ein solch neues, nach-theistisches bzw. nicht-theistisches Gottesverständnis sein?

Der Theologe Paul Tillich forderte, «dass wir lernen von Gott so zu sprechen, dass er nicht als ein Gegenstand über allen anderen Gegenständen erscheint ..., sondern als das wahrhaft Wirkliche in allem, das Wirklichkeit beansprucht.» (HZ 436) Tillich findet Gott nicht mehr in der Höhe, sondern in der Tiefe der letzten Wirklichkeit. «Der Name dieser unendlichen Tiefe und dieses unendlichen Grundes alles Seins ist Gott.» (HZ 408)

Wie unvorstellbar für sie die traditionelle theistische Gottesvorstellung geworden ist, kleidet Dorothee Sölle in die Frage: «Angenommen, wir Menschen brächten es fertig, diese Welt mit einer Atomexplosion kaputtzukriegen – das ganze Ding ist weg ... Ist Gott dann noch?» Sie gibt die Antwort gleich selbst: «Nun, ich würde sagen, der Gott, der dann noch ist, für den bedanke ich mich. Mit dem will ich nichts zu tun haben.» Ihre nach-theistische Gottesvorstellung beschreibt sie so: «Gott ist das, was zwischen Menschen als Liebe geschieht.» (DS DRe 102) «Wenn wir in Zukunft von Gott noch etwas sagen können, dann nur dies: Gott ist, dass wir lieben können. Gott ist die Kraft, das Feuer, das unsere Liebe trägt.» (DS DRd 81)

Auch andere Vertreterinnen und Vertreter der feministischen Theologie und der Befreiungstheologie plädieren für ein Gottesverständnis, das Gott nicht als überirdische Instanz versteht, sondern in die zwischenmenschliche Begegnung hereinholt. So formuliert Doris Strahm: «Ich glaube nicht an Gott, aber ich glaube, dass 'Gott' geschieht, wann immer wir das Leben und unser Menschsein heiligen, wann immer wir uns mit Achtung einander zuwenden, uns berühren lassen von der Not und den Bedürfnissen der anderen und voll Zorn das Unrecht, das ihnen geschieht, beim Namen nennen.» (CMS 194)

Der Theologe Matthias Kroeger beschreibt seine nicht-theistische Gottesvorstellung so: «Gott ist keine metaphysische Person, die es gibt, sondern Gott – das ist der Name des Rätsels und Wunders und Geheimnisses der Welt.» (MK 65) Dieses Geheimnis ist ungegenständlich, bleibt aber ein Gegenüber, das wir als Du ansprechen können.

Gott ist Liebe
Wie es beim theistischen Gottesverständnis unterschiedliche Akzentsetzungen gab, so kann auch keine nicht-theistische Gottesvorstellung Allgemeingültigkeit beanspruchen.

Mich persönlich spricht das Gottesverständnis des Theologen Gotthold Hasenhüttl am stärksten an. Er grenzt sich von abstrakten Definitionen ab, wie beispielsweise der Vorstellung von Gott als einer unsichtbaren, ungreifbaren, alles bestimmenden, alles durchdringenden ersten und letzten Wirklichkeit. Denn im Namen eines solchen Gottes könne man jedes Verhalten rechtfertigen: Sowohl menschliches wie unmenschliches, Friedensbemühungen genauso wie (heilige) Kriege. Ein Gottesbegriff aber, mit dem völlig gegenteiliges Verhalten begründet werden könne, verliere jeden Sinn und seine Bedeutung für die konkrete menschliche Existenz. Dies erachtet Hasenhüttl aber als unverzichtbar. So kann das Gottesverständnis für ihn kein Element irgendeiner Theorie der Welterklärung oder Weltanschauung mehr sein. Die Rede von Gott ist nur sinnvoll in Bezug auf die menschliche Existenz, die menschliche Lebenspraxis. Deshalb ist Gott für Hasenhüttl «kein unerforschliches Geheimnis ..., sondern sich vollziehende Liebe.» (GH 101) Er zitiert den Theologen Ernst Fuchs: «Gott ist Liebe. Und wem das zu wenig ist, der muss sich beim Neuen Testament beschweren." (GH 89) Ernst Fuchs spielt hier auf den Vers im 1. Johannesbrief an: «Gott ist Liebe, und wer in der Liebe bleibt, der bleibt in Gott und Gott bleibt in ihm.» (1. Joh. 4,16)

Dieses von Hasenhüttl postulierte Gottesverständnis ist in meinen Augen keineswegs reduktionistisch. Worin, wenn nicht in der Liebe, liegt die Fülle des Lebens? Anders gesagt: «Alles Unglück der Welt kommt daher, dass Menschen irgendetwas (Ehre, Macht, Geld, usw.) höher schätzen als die Liebe.» (GH 100)

Wozu noch Gott?
Wenn Gott und Liebe so zu austauschbaren Begriffen werden, stellen sich zwei Fragen. Die erste lautet: Wozu braucht es das Wort 'Gott' noch, wenn es sich nicht mehr auf ein jenseitiges Wesen bezieht und nichts mehr als Liebe bedeutet? Ich gliedere meine Antwort in vier Überlegungen:

Zum ersten ist das Wort 'Gott' und was Menschen damit verbunden haben in vielfältiger Weise Teil unserer Kultur geworden – in der Literatur, Musik oder Malerei. Auch Menschen, die von sich sagen, nicht an Gott zu glauben, verwenden das Wort in bestimmten Alltags-Situationen, seufzen 'Ach Gott!' oder bezeichnen eine ausserordentliche kulinarische Erfahrung als 'göttlich'.

Martin Walser sagt: «Ein verneintes Wort wird durch eine Verneinung überhaupt nicht aus der Welt geschafft.» (L4) Zwar können Wörter in Vergessenheit geraten, weil sie nicht mehr gebraucht werden – ich erachte es jedoch als äusserst unwahrscheinlich, dass das Wort 'Gott' in absehbarer Zeit aus dem Sprachgebrauch unserer Kultur verschwinden wird.

Deshalb – und das ist mein zweiter Gedanke – will ich den Gottesbegriff nicht einfach denen überlassen, die ihn entweder gedankenlos oder nur für ihre eigenen Zwecke verwenden. Insbesondere nicht den FundamentalistInnen und ihren oft menschen- und lebensfeindlichen Deutungen. Nein, ich will den Gottesbegriff menschen- und lebensfreundlich füllen und deuten.

Ein dritter Gedanke: 'Gott' ist der traditionelle Begriff für das Höchste, Wichtigste. Wenn Gott Liebe ist und die Liebe Gott, dann ist damit auch gesagt, dass die Liebe absolute Bedeutung hat und nicht einfach ein Verhalten unter vielen – Respekt, Toleranz, usw. – ist. «Gott als Liebe verstanden ist die Bejahung und Absolutsetzung der Beziehung der Liebe.» (GH 98) Der Begriff 'Gott' setzt der Liebe die Krone auf.

Meine vierte Überlegung knüpft am bekannten Ausspruch Martin Luthers an: «Das nun, sage ich, woran du dein Herz hängst und worauf du dich verlässt, das ist eigentlich dein Gott.» (Aus der Auslegung des ersten Gebotes in seinem großen Katechismus, siehe L5). In diesem Sinn kann der Gottesbegriff zur Chiffre werden, die mir bewusst macht, woran ich mein Herz hänge, wofür mein Herz schlägt, was mir das Heiligste ist im Leben. Denn ich bin überzeugt: Wenn wir unseren 'Gott' nicht selber wählen, uns nicht bewusst machen, wer oder was unser 'Gott' ist, schleicht er sich durch eine Hintertür in unser Leben ein.

Die zweite Frage, zu der ich Stellung nehmen will: Löst sich das Christentum mit der Gleichsetzung von Gott und Liebe nicht in blossen Humanismus auf?

Mit dieser Frage – gleichzeitig ein Vorwurf der traditionellen Theologie – hat sich intensiv und immer wieder Dorothee Sölle auseinandergesetzt. Ihre kurze und vielleicht überraschende Antwort ist: «Ja, das tut es heute wie vor 2000 Jahren.» (DS AaG 86) Sölle's Ja überzeugt mich. Denn schon Jesus ist es nicht darum gegangen, das Rechte zu glauben, sondern das Rechte zu tun. Er wollte die Menschen aus der Käfighaltung religiöser Glaubensvorschriften dazu befreien, ihren Mitmenschen ein liebender Nächster zu sein – wie beispielsweise die Erzählung vom barmherzigen Samariter zeigt.

Dorothee Sölle fügt ihrem Ja allerdings zwei 'Aber' an: Der christliche Glaube löse sich so wenig bzw. so sehr auf, «... so wenig sich ein Brunnen in Wasser auflöst – und so sehr er es tut, solange er ein Brunnen ist.» (Ebd.) Das zweite 'Aber': Wenn Gott und Liebe zusammengehörten, sei es zynisch, beispielsweise angesichts eines vor dem Hungertod geretteten Kindes, zu sagen, das sei ja *bloss* Humanismus.

Fazit: Für viele ZeitgenossInnen ist die traditionelle christliche Vorstellung eines überirdischen, allmächtigen und in den Lauf der Welt eingreifenden Gottes nicht mehr glaubwürdig. Trotzdem ist dieser Gott in der kirchlichen Verkündigung – explizit oder implizit – nach wie vor weitgehend präsent. Christlicher Glaube lässt sich jedoch unbeschadet auch mit einem nicht-theistischen Gottesverständnis verbinden. Insbesondere kann Gott im Anschluss an den neutestamentlichen Johannesbrief als geschehende Liebe verstanden werden. Damit wird Gott nicht mehr als Element einer (überholten) Weltanschauung gesehen, sondern in seiner existentiellen Bedeutung für die menschliche Lebenspraxis. Bildhaft und anschaulich hat Mahatma Ghandi diese Gottesvorstellung als zwischenmenschliches Geschehen der Liebe zum Ausdruck gebracht: «Fragt dich ein Hungernder: Wo ist Gott? Dann gib ihm Brot und sage: Hier.» (L6)

1.4 Schöpfung – natürlich, nicht göttlich

Die meisten Religionen kennen Schöpfungsgeschichten, Erzählungen über die Entstehung der Welt und die Erschaffung des Menschen. Schon ihre Vielfalt und Unterschiedlichkeit legen nahe, dass sie nicht als Berichte mit objektivem Wahrheitsanspruch verstanden werden können.

Auch die beiden alttestamentlichen Schöpfungsgeschichten weichen in wichtigen Elementen voneinander ab. Unterschiedliche Entstehungszeiten und kulturelle Einflüsse haben ihre Spuren hinterlassen. Zudem beschreiben sie die Entstehung der Welt und des Menschen im Rahmen des damaligen Wissens und der Vorstellung einer dreistöckigen Welt: Unterwelt, Erde als Scheibe, Himmelsgewölbe. Dieses Weltbild begann spätestens im 15./16. Jahrhundert zu bröckeln. Wie kam es dazu?

Schon der altkirchliche Theologe Augustin (4./5. Jh.) hatte das Bild vom 'Buch der Natur' als zweitem von Gott geschriebenen Buch geprägt, ein Bild das spätere Theologen aufnahmen. Im Buch der Natur zu lesen, hatte zum Ziel, «die wundervolle Ordnung der göttlichen Schöpfung bis ins kleinste Detail hinein zu enthüllen.» (vSM 455) Die Naturbeobachtung wollte also einzig dem Ruhm Gottes dienen und ihn vermehren. Dabei versteht sich von selbst, dass die beiden Bücher Gottes, Bibel und Natur, widerspruchsfrei miteinander harmonieren mussten.

Nachdem die Methoden der Naturbeobachtung immer grössere Fortschritte gemacht hatten, wurde diese Harmonie mehr und mehr gestört. Die Erkenntnisse der Naturforscher bei der Beobachtung der Natur gerieten in Widerspruch zu den Erkenntnissen der Theologen bei der Lektüre der Bibel. Dabei standen Naturforscher und Astronomen wie Nikolaus Kopernikus, Galileo Galilei oder Johannes Kepler keineswegs ausserhalb der Kirche, sondern teilweise sogar in deren Dienst. Auch ihnen war es ein Anliegen, die Harmonie der beiden Bücher Gottes nicht zu zerstören. Sie stellten sich aber auf den Standpunkt, so beispielsweise Galileo Galilei, dass man die Sprache der Mathematik verstehen müsse, um das Buch der Natur zu lesen, wohingegen die Bibel «einen bildhaften Stil pflege». (vSM 460)

Die offizielle Kirche aber bestand auf der wörtlichen Wahrheit der Bibel und unterstellte den Astronomen falsche mathematische Berechnungen. Dies etwa bei ihrer These, dass nicht die Erde, sondern die Sonne im Zentrum des Kosmos stehe. So wurde die entsprechende Publikation des Nikolaus Kopernikus auf den Index der verbotenen Bücher gesetzt. Und als 100 Jahre später Galileo Galilei ebenfalls das heliozentrische Weltbild propagierte, zwang die Kirche ihn zum Widerruf und belegte ihn mit einem Publikationsverbot. Sie setzte seine Bücher ebenfalls auf den Index (bis 1835). Erst im Jahr 1992 wurde Galilei vom Papst offiziell rehabilitiert.

Diese Rehabilitierung erfolgte reichlich spät. Inzwischen hatten sich die Naturwissenschaften längst von kirchlich-religiösen Vorgaben befreit. Im Schoss der Religion entstanden, waren sie selbständig geworden. Einen wichtigen Markstein auf diesem Weg zur Unabhängigkeit stellte die Evolutionstheorie von Charles Darwin dar. «(Sie) machte es endgültig unmöglich, die Bibel für eine verlässliche Quelle der Welterkenntnis zu halten.» (vSM 463)

So haben die fortschreitenden Erkenntnisse der Naturwissenschaften den Glauben an die Erschaffung und Lenkung der Welt durch einen überirdischen Gott im Lauf der Jahrhunderte immer stärker bedrängt. Die Kirche reagierte auf diese Herausforderung lange Zeit vor allem defensiv. Und noch heute gibt es christliche Kreise, welche die biblischen Schöpfungsgeschichten als tatsächliche Chronik der Weltentstehung verstehen.

Verhängnisvoll wirkte sich auch die von den biblischen Schöpfungsgeschichten (und anderen Bibelstellen) abgeleitete kirchliche Lehre von den angeblich göttlichen Schöpfungsordnungen aus. «Als schöpfungsmässig vorgegeben wurden die Beziehungen zwischen Mann und Frau, Alt und Jung, Reich und Arm, Obrigkeit und Untertan angesehen, und die geschöpfliche Freiheit kam nur den jeweils Oberen zu.» (DS Gd 65) Zeitbedingte Ansichten und gesellschaftliche Machtstrukturen wurden so mit Berufung auf den Schöpfer legitimiert. Dies geschieht bis heute, beispielsweise, wenn – insbesondere in fundamentalistischen Kreisen – argumentiert wird, homosexuelle Beziehungen entsprächen nicht der Schöpfungsordnung Gottes.

Abschied vom Schöpfer und Weltenlenker
Wie das theistische Gottesverständnis im Ganzen, halte ich deshalb auch die Vorstellung eines Schöpfergottes für existentiell schädlich – um noch einmal die Formulierung von Dorothee Sölle aufzunehmen.

Für mich gilt: Der christliche Glaube kann keine Antwort geben auf die Frage, wie die Welt entstanden ist. Und er muss das auch nicht. Dafür zuständig sind die Naturwissenschaften. Die heute anerkannten physikalischen Gesetzmässigkeiten lassen keinen Raum für eine göttliche Einwirkung von aussen auf unsere Welt. Der Physiker Jürgen Schnakenberg sagt es so: «Die Vorstellungen von einem Schöpfergott und einem allmächtigen Gott als Lenker der Welt (sind) weder logisch noch im Sinne einer konsequenten Physik haltbar.» (L7)

Nicht (nur) aus naturwissenschaftlichen, sondern aus theologischen Überlegungen kritisiert der Theologe Eugen Drewermann die Vorstellung eines Schöpfergottes: «Es ist vor allem die Einrichtung der Natur selbst, es ist ihre ganze 'Machart', die mit der Idee eines gütigen, weisen und fürsorglichen Gottes unvereinbar ist. Den Gott der überkommenen Schöpfungstheologie zur Erklärung der Lebensprozesse *braucht* es nicht zu geben – er ist absolut überflüssig, ... schlimmer noch, es *darf* ihn nicht geben, da ein Gott in Bewusstsein und Freiheit so nicht handeln dürfte, wie die Natur jederzeit mit ihren Kreaturen verfährt.» (Zitat bei HH 70)

Wenn ich die Erde nicht mehr als Tat eines Schöpfergottes verstehe, kann ich sie konsequenterweise nicht mehr als Schöpfung bezeichnen. Zu sehr weckt dieser Begriff die Vorstellung eines der Welt gegenüberstehenden, aus sich heraus handelnden Gottes. Das gilt, obschon der Schöpfungsbegriff auch den bleibend wichtigen Gedanken zum Ausdruck bringt, dass die Welt nicht unser menschliches Werk, sondern die von uns vorgefundene Lebensgrundlage ist. Dass sie uns – ohne unser Dazutun – einfach zur Verfügung steht. – Wie eine Quelle, aus der wir leben, ohne sie gespiesen zu haben. Oder wie eine lebenspendende Oase im Universum, die wir nicht selber angelegt haben. Auch diese Bilder können in uns eine Haltung der Bescheidenheit, des Staunens und der Dankbarkeit hervorrufen.

Fazit: Die biblischen Schöpfungsgeschichten taugen nicht als naturkundliche Welterklärung. Dass sie die Weltentstehung als Tat eines Gottes dargestellt haben, ist auf Grund des damaligen Wissens verständlich. Heute kann jedoch sowohl aus naturwissenschaftlicher, wie auch aus theologischer Sicht auf einen Schöpfergott verzichtet werden. Dies tut dem christlichen Glauben keinen Abbruch. Das Staunen über das Wunder des Lebens, wie auch das «Staunen im Anblick des Sternenhimmels ... bleibt das Gleiche, ob ich dahinter einen Schöpfer vermute oder nicht.» (HF ChG 114)

1.5 Theodizee – ein Problem löst sich in Luft auf

Warum gibt es in der Welt eines allwissenden, allmächtigen und allgütigen Gottes so viel Leid? Diese Frage steckt hinter dem sogenannten Theodizee-Problem, das Philosophen und Theologen seit je herausfordert. Der Begriff wurde vom Universalgelehrten Gottfried Wilhelm Leibniz (1646 - 1716) geprägt. Seine Theorie, dass Gott die beste aller möglichen Welten geschaffen habe, diente als 'Rechtfertigung Gottes' (Theodizee) angesichts des Leidens in der Welt.

Das in der Theodizee-Frage steckende Problem hatte allerdings bereits der griechische Philosoph Epikur (341 – 272) formuliert:

«Will Gott Übel beseitigen, kann es aber nicht, so ist er nicht all-mächtig; kann er, aber will er nicht, so ist er nicht gut; wenn er es jedoch kann und will, warum gibt es Übel?» (EKL IV 725)

Das Theodizee-Problem stellte sich erst in monotheistischen Religionen, wo nicht ein anderer Gott für das Böse verantwortlich gemacht werden konnte. In der jüdisch-christlichen Tradition ist der Auslöser des Theodizee-Problems der Glaube an den Schöp-fergott, ohne dessen Wissen und Willen nichts geschieht. Mit teil-weise komplizierten theologischen und philosophischen Konstruk-tionen wurde und wird versucht, das Problem zu lösen, das heisst die Allmacht und die Allgüte Gottes miteinander in Einklang zu bringen. Stark vereinfacht und verkürzt können die wichtigsten traditionellen Lösungsversuche wie folgt beschrieben werden:

- Die Leiden sind als Prüfung, als Erziehungsmittel oder als gerechte Strafe eines gütigen Gottes zu verstehen.
- Nicht Gott, sondern der Sündenfall von Adam und Eva ist schuld am Übel in der Welt.
- Gott hat seiner Schöpfung die Freiheit zur Selbstorganisation ein-gebaut bzw. seine Geschöpfe als freie partnerschaftliche Wesen ge-schaffen
- Wer in seinem Leben für das Gute leiden muss, wird im Jenseits dafür entschädigt.
- Die Theodizee-Frage entspringt menschlicher Vermessenheit; Gott ist frei in seinem Walten.
- Der unvollkommene Mensch ist nicht in der Lage, die vollkomme-nen Ratschlüsse Gottes zu erkennen.

Den Ansprüchen einer vernünftigen Logik vermag keiner dieser Lösungsansätze zu genügen. Auch der altkirchliche Theologe Au-gustin schafft mit seinem Lösungsversuch eher Ratlosigkeit als Klarheit: «Das Böse geschieht zwar gegen Gottes Willen, aber nicht ausserhalb seines Willens.» (KH 62) Erstaunlich finde ich das Scheitern all dieser Problemlösungsversuche nicht. Ist es doch letztlich unmöglich, die Allmacht und die Güte Gottes unter einen Hut zu bringen. Wenn immer Gott als Schöpfer gedacht wird, hat er alles Leid, das in der Welt geschieht, mindestens in Kauf genommen. Und wenn Gott auf Grund seiner Allmacht die Möglichkeit des Handelns und Eingreifens in die Welt zugeschrieben wird – wie immer man sich dieses Handeln vorstellt – dann bleibt die Frage, weshalb er das Leid nicht verhindert.

Für Dorothee Sölle ist es klar, dass eine theistische Theologie, wenn sie sowohl an der Allmacht wie auch an der Güte Gottes festhält, das Problem nicht lösen kann: «Sie beschwätzt einen ... und verweist auf das unerklärliche Geheimnis und entflieht dem Problem, oder sie versucht auf eine Art, die ich eigentlich als masochistisch empfinde, den Menschen noch weiter zu demütigen und ihm die Schuld zuzuschieben.» (DS DRe 74)

Lösen lässt sich das Problem für eine theistische Theologie nur dann, wenn sie entweder auf die Allmacht oder die Güte Gottes verzichtet. Ein nicht-theistisches Gottesverständnis, wie ich es in Kapitel 1.3 und 1.4 erläutert habe, lässt das Theodizee-Problem gar nicht entstehen.

Fazit: Eine Antwort auf das Theodizee-Problem *darf* es nicht geben, da eine Erklärung des Leidens immer in der Gefahr einer Verharmlosung dieses Leidens steht. Eine Antwort auf die Theodizee-Frage *muss* es nicht geben, da diese sich von selbst auflöst, wenn Gott von seinem theistischen Korsett der Allmacht und Allgüte befreit und als geschehende Liebe verstanden wird.

1.6 Jesus – ein unfreiwilliger Religionsstifter

Was in den Kirchen heute von Jesus Christus geglaubt wird, hat in manchem nicht mehr viel mit dem Juden Jesus von Nazareth zu tun, der tatsächlich gelebt hat und unter dem römischen Statthalter

Pontius Pilatus in Jerusalem gekreuzigt wurde. Das liegt einerseits daran, dass schon die biblischen Berichte über ihn keine objektiven geschichtlichen Reportagen sind, sondern subjektive Glaubenszeugnisse seiner Zeitgenossen und deren Nachfahren. Zudem wurde die Frage, wer Jesus war und in welchem Verhältnis er zu Gott stand, mit immer ausführlicheren und ausgeklügelteren theologischen Antworten versehen. Das geschah zwar in guter Absicht, nämlich um der Bedeutung der Erscheinung Jesu gerecht zu werden. Doch verfestigten sich damit die Erfahrungen, die Menschen mit Jesus gemacht hatten, mehr und mehr zu einer Lehre über ihn.

Diese Entwicklung setzte bereits in den neutestamentlichen Schriften ein. Ich möchte dies am Beispiel der Bezeichnung Jesu als Sohn Gottes aufzeigen – ein Begriff, der bis heute auf die Frage, wer Jesus war, die wohl gängigste Antwort bildet. In meinen Augen allerdings eine irreführende Antwort.

Im Judentum zur Zeit Jesu war 'Sohn Gottes' ein bekannter Ausdruck. Israels Könige, ja das Volk Israel selbst galten als Söhne Gottes. Der Ausdruck bezeichnete jedoch keine biologische Verwandtschaft. «Zum Sohn Gottes wurde das Volk Israel durch Gottes Erwählung und die Könige wurden bei der Inthronisation zu Söhnen Gottes ausgerufen.» (HF ChG 87f.) Ausschlaggebend für die Sohnschaft, so Helmut Fischer weiter, war also ein göttlicher Akt, nämlich die Adoption.

Auch in der griechisch-römischen Umwelt existierte die Sohn Gottes-Vorstellung. So hatte der Göttervater Zeus von vielen Menschenfrauen Söhne – sie galten als seine leiblichen Kinder. In Rom wurde erstmals Caesar nach seinem Tod zu Gott erhoben. In der Folge entwickelte sich «Herr und Gott» zum offiziellen Herrschertitel der römischen Kaiser.

Bereits in den neutestamentlichen Schriften wurde die Sohn Gottes-Bezeichnung nun auch für Jesus verwendet. Als frühester Autor tat dies Paulus, z.B. in seinem Brief an die Römer: «Paulus,

... ausersehen das Evangelium Gottes zu verkünden, ... das Evangelium von seinem Sohn, der ... eingesetzt ist als Sohn Gottes in Macht, seit der Auferstehung von den Toten.» (Röm. 1,4f.)

Markus, der älteste Evangelist, nimmt diese Vorstellung der Einsetzung Jesu als Sohn Gottes auf. Sie geschieht für ihn jedoch nicht erst bei der Auferstehung, sondern bereits bei Jesu Taufe durch Johannes. So lässt er dort die Stimme Gottes zu Jesus sagen: «Du bist mein geliebter Sohn ...» (Mark. 1,11)

Bei den späteren Evangelisten Matthäus und – deutlicher noch – bei Lukas, wird der Zeitpunkt der Entstehung der Gottessohnschaft Jesu bereits bei dessen Zeugung angesetzt. Lukas legt dem Engel Gabriel die an Maria gerichteten Worte in den Mund: «Heiliger Geist wird über dich kommen und die Kraft des Höchsten dich überschatten. Darum wird auch das Heilige, das gezeugt wird, Sohn Gottes genannt werden.» (Luk. 1,35)

Obwohl Geschichten von Jungfrauengeburten sehr populär waren, scheint Johannes, der späteste Evangelist, in seinem Evangelium keine Verwendung dafür gehabt zu haben und lässt sie weg. Er kann dies deshalb ohne weiteres tun, weil bei ihm die Gottessohnschaft Jesu bereits *vor* dessen Zeugung und Geburt feststeht. Anders gesagt: Jesus existiert – wie Gott – quasi von Ewigkeit zu Ewigkeit. In gewissem Sinn allerdings könnte man den Anfang des Johannesevangeliums als eine Art philosophische Geburtsgeschichte bezeichnen: «Im Anfang war das Wort, der Logos, und der Logos war bei Gott, und von Gottes Wesen war der Logos ... Und das Wort, der Logos, wurde Fleisch und wohnte unter uns.» (Joh. 1,1.14) Mit «Logos» ist – wie unschwer zu erraten ist – natürlich Jesus gemeint.

Dieser Entwicklung zum Trotz, konnte noch im 1. Timotheusbrief – einer eher spät verfassten neutestamentlichen Schrift – die Menschlichkeit Jesu betont werden: «Einer nämlich ist Gott, einer auch ist Mittler zwischen Gott und Menschen, der Mensch Christus Jesus.» (1. Tim. 2,5)

Das kirchliche Konzil von Nicäa (325) schrieb die Göttlichkeit Jesu schliesslich als kirchliche Lehre fest: Jesus sei sowohl mit Gott, als auch dem Menschen wesensgleich – wahrer Mensch und wahrer Gott. Aus dem Juden Jesus von Nazareth ist damit definitiv der 'Christus der Kirche' geworden. Ich stimme Helmut Fischer in seinem Urteil über diese Entwicklung zu: «Die Vergöttlichung Jesu ist kein Gegenstand des christlichen Glaubens.» (HF ChG 89) Vielmehr hätten wir es hier mit einem Versuch zu tun, in Sprache und Vorstellungswelt der damaligen Zeit zum Ausdruck zu bringen, was sich als Gotteswirklichkeit in Jesus zeigte.

Der Vorbehalt der Zeitbedingtheit gilt auch für die anderen Namen und Bezeichnungen, mit denen Jesus bedacht wurde: Messias, Retter, Hohepriester oder Opferlamm stammen beispielsweise aus dem Repertoire des Judentums bzw. des römischen Kaiserkultes. Diese Begriffe sagen nicht, wer oder was Jesus war, sondern was er für diejenigen Menschen bedeutete, die ihn so nannten.

Die Frage, in welchem Verhältnis zu Gott sich Jesus selber sah, ist schwierig zu beantworten. Was sich mit einiger Sicherheit sagen lässt: Seine Gottesvorstellung bewegte sich im Rahmen der (theistischen) Vorstellung des Judentums. Dabei schrieb er sich jedoch eine besondere Gottesnähe zu, ohne diese Nähe aber mit einem bestimmten Begriff (z.B. Sohn Gottes) zu definieren. Er wirkte «im Bewusstsein, dass Gott durch ihn Wunder tat.» (GTAM 487) Er sprach Menschen Sündenvergebung zu, was eigentlich Gott vorbehalten war – und was deshalb von seiner Umgebung als Gotteslästerung kritisiert werden konnte. Jedenfalls verstand sich Jesus als Mensch. Zum Gott wurde er durch die Kirche gemacht.

Die geschilderten Vorgänge haben aufgezeigt, wie sich der Schwerpunkt der kirchlichen Verkündigung schon in ihren Anfängen verschob: Von den Worten und Taten des irdischen Jesus auf seine Person und deren Bedeutung für das menschliche Heil. Für die Bestimmung dieser Bedeutung war also nicht mehr entscheidend, was Jesus sagte oder tat, sondern wer er war. Und dies wurde vor allem durch die Deutung seines Todes und seiner Auferstehung bestimmt. (Siehe dazu Kap. 4.1. und 4.2) Helmut Fischer sagt es kurz und knapp: «An die Stelle der Reich-Gottes-Botschaft Jesu tritt die Verkündigung des Gekreuzigten und Auferstandenen.» (HH 21) Damit wurde Jesus zum Kultobjekt. Seine Botschaft der Liebe trat in den Hintergrund.

Bis heute lebt dieser Jesuskult in verschiedenen Formen weiter. Zum Beispiel in den evangelikalen Strömungen des Christentums, wo die individuelle Beziehung zum persönlichen Heiland und Erlöser sowohl Zentrum wie Kriterium des (wahren) Glaubens ist. Oder im Eucharistieverständnis der römisch-katholischen Kirche, wo die weltlichen Elemente Brot und Wein sich durch das Wort des Priesters in göttliche Substanzen verwandeln. Als verhängnisvoll erachte ich diese Entwicklung insbesondere dort, wo die göttliche Verehrung des Jesus Christus die Bindung an den irdischen Jesus von Nazareth und seine Botschaft zu verlieren droht.

Bedingungslose Liebe zum Nächsten
Welche Botschaft hat dieser irdische Jesus von Nazareth verkündet?

Auch wenn die Evangelien keine historisch objektiven Berichte sind und sich in gewissen Punkten unterscheiden oder gar widersprechen, so kann die Botschaft Jesu doch in ihren Grundzügen erfasst werden.

Im Judentum der damaligen Zeit herrschte die Erwartung, dass schon bald eine kosmische Katastrophe über die Welt hereinbrechen und damit die Gottesherrschaft anbrechen würde. In diesem Erwartungshorizont begann Jesus sein öffentliches Wirken – gemäss Markus, dem ältesten Evangelium mit den Worten: «Erfüllt ist die Zeit und nahe gekommen ist das Reich Gottes.» (Mark. 1,15) Im Unterschied zur allgemeinen jüdischen Erwartung, kündigte er jedoch «eine Gottesherrschaft an, die sich ganz unspektakulär an, in und durch Menschen ereignen sollte.» (HF ChG 85)

Deshalb konnte er auf die Frage der Pharisäer, wann denn das Reich Gottes komme, antworten: «Das Reich Gottes kommt nicht so, dass man es beobachten könnte. ... Denn seht, das Reich Gottes ist mitten unter euch.» (Luk. 17,20f.)

Jesu Worte und Wirken zielen letztlich auf die uneingeschränkte und bedingungslose Liebe zum Nächsten. Darin eingeschlossen sind insbesondere auch die von der religiösen Elite Verachteten, die Armen und die von der Gesellschaft Ausgestossenen, ja selbst nichtjüdische Menschen.

Damit ist auch gesagt, dass Jesus weder eine neue Religion oder gar die Kirche stiften wollte. Er kann ebenso wenig als Reformer des Judentums oder als religiöser Revolutionär verstanden werden. «All diese wollen nämlich die bestehenden Verhältnisse nur umstossen, um ein neues, in ihren Augen besseres System zu schaffen.» (GH 52) Jesus wollte kein neues System schaffen. Das zeigt sich daran, dass er in bestimmten Fällen die Gebote der jüdischen Religion relativiert, in andern aber verschärft. So nimmt er beispielsweise den Sabbatvorschriften ihre absolute Bedeutung, denn «der Sabbat ist um des Menschen willen geschaffen, nicht der Mensch um des Sabbats willen.» (Mark. 2,27) Anderseits radikalisiert Jesus das alttestamentliche Gebot der Nächstenliebe, und zwar «in dreifacher Hinsicht, als Liebe zum Feind, als Liebe zum Fremden, als Liebe zum Sünder.» (GTAM 323)

Sowohl Relativierung wie Radikalisierung bedeuten indes keine Abschaffung der bestehenden Gebote. Sie müssen jedoch immer auf ihre Lebensdienlichkeit und Menschenfreundlichkeit hin befragt werden. Denn: «Der Mensch zählt, nicht das (religiöse) System.» (GH 62)

Aus dem Gesagten ergibt sich: Christsein heisst nicht an bestimmte Dogmen über Jesus zu glauben, sondern «Jesu Impuls aufzunehmen, nämlich sich ... der bedingungslosen Liebe zu öffnen und mit dem gleichen Vertrauen in die Tragfähigkeit dieser Liebe sie auch in unserer Welt zu wagen.» (HF ChG 92) In der biblischen

Sprache steht dafür das Wort «Nachfolge». Jesus nachfolgen heisst nicht, dass man fromm werden muss. Man muss dafür auch keine private Glaubensbeziehung zu einem irgendwie überirdisch vorgestellten Jesus pflegen. Als Jesus seine Jünger in die Nachfolge rief, mussten sie weder eine Glaubensprüfung bestehen noch ein Glaubensbekenntnis ablegen. Ihre Nachfolge bestand in «trial and error» und oft genug machten sie keine gute Figur dabei. Christsein heisst auch heute nichts anderes als Liebe üben – im doppelten Sinn des Wortes.

Fazit: Jesus lebte als (kritischer) Jude und wollte keine neue Religion gründen. Zum Gott, Retter und Erlöser wurde er erst auf Grund zeitbedingter Vorstellungen und Deutungen durch die frühe Kirche gemacht. Zentrum seines irdischen Redens und Handelns war die bedingungslose Nächstenliebe. Dies lässt Dorothee Sölle sagen: «Es kann uns kein höheres Wesen retten, weil die einzige Rettung die ist, Liebe zu werden.» (DS Gd 244)

1.7 Dreieinigkeit – ein Konstrukt hat ausgedient

Die kirchliche Lehre von der Dreieinigkeit oder Dreifaltigkeit Gottes hat sich in den ersten Jahrhunderten der Kirche entwickelt und wurde – nach heftigen theologischen Debatten und Machtkämpfen – gegen Ende des 4. Jahrhunderts abgeschlossen. Sie will klären, in welchem Verhältnis Gott Vater als Schöpfer, sein Sohn Jesus Christus und der Heilige Geist zu einander stehen und hält fest, dass uns der eine und einzige Gott in drei Personen begegnet, die wesensgleich, aber nicht wesenseins sind.

Ich kann das theologische Interesse der frühen Kirche an einer solchen Klärung zwar grundsätzlich nachvollziehen. Jedoch bezweifle ich, dass ein vor 1600 Jahren ausgehandeltes Gottesverständnis heute noch vermittelbar ist. Mir selber hat sich seine Relevanz für einen heutigen christlichen Glauben nie wirklich erschlossen. Inzwischen sehe ich – auf der Grundlage eines nichttheistischen Gottesverständnisses – keine Notwendigkeit mehr, an der Vorstellung einer göttlichen Dreieinigkeit festzuhalten. Auch die Philosophin und Psychologin Carola Meier-Seethaler sieht darin eine eher «halsbrecherische Konstruktion ..., weil sie ein im Grunde unlösbares Problem zu lösen vorgibt: Gott als den Einen und Einzigen und zugleich aus drei Personen bestehend zu definieren.» (CMS 118) Die beiden Begriffe Dreifaltigkeit und Dreieinigkeit bringen diese Ambivalenz treffend zum Ausdruck. Sind es drei Götter oder ein Gott? Helmut Fischer bemerkt kritisch, dass dieses «Konstrukt nur noch für Spezialisten zu entschlüsseln ist.» (HF ChG 73)

Nach wie vor aber ist die Vorstellung der göttlichen Dreieinigkeit in der Kirche lebendig und wird von der traditionellen Theologie als unverzichtbar für den christlichen Glauben erklärt – oder als Geheimnis verklärt. So ist auf der Website www.kiki.ch, die sich an Kinder ab sechs Jahren richtet, im Kirchen-ABC zum Begriff 'Dreieinigkeit' zu lesen: «Diese drei sind aber nur ein einziges Wesen, nämlich der Gott, an den die Christen glauben. Das ist für uns so schwer zu verstehen, dass Philipp Melanchthon, ein grosser Theologe und Reformator, sagte: 'Die Geheimnisse der Gottheit sind besser anzubeten als zu erforschen.'» (Die Website wird betrieben durch den Verband Kind und Kirche im Auftrag der reformierten Schweizer Kantonalkirchen.) Dem erwachsenen Kirchenmitglied begegnet die Dreieinigkeit im Gottesdienst. In liturgischen Formeln oder Liedtexten prägt – oder irritiert – sie so weiterhin dessen Gottesverständnis.

Wie kam es überhaupt zur Aufnahme des Heiligen Geistes in das 'göttliche Trio' der Dreifaltigkeit?

Bereits in den biblischen Schriften wird der Geist Gottes oder der Heilige Geist an zahlreichen Stellen erwähnt. In der Schöpfungsgeschichte des Alten Testamentes schwebt der Geist Gottes über den Wassern der Urflut. Später befähigt er charismatische Führer des Volkes Israel zu ihrem Tun oder bewegt Propheten zu ihrer Verkündigung. Im Neuen Testament begegnet uns der Heilige Geist im sogenannten 'Taufbefehl' Jesu: «Tauft sie auf den Namen des Vaters, des Sohnes und des Heiligen Geistes.» (Matth. 28,19) Der Evangelist Johannes lässt Jesus vor seinem Tod zu den Jüngern sagen: „Wenn der Fürsprecher kommt, den ich euch vom Vater aus senden werde, der Geist der Wahrheit, der vom Vater ausgeht, wird er Zeugnis ablegen über mich.» (Joh. 15,26) Das Kommen dieses Geistes beschreibt der Evangelist Lukas dann in einer dramatischen Erzählung in der Apostelgeschichte. (Siehe Kap. 4.5)

Helmut Fischer erklärt die 'Karriere' des Heiligen Geistes mit dem vor der Aufklärung herrschenden «subjektivischen Weltverständnis», das hinter jedem Geschehen ein handelndes Subjekt vermutet. (HF RoG 41) Bei Ereignissen, die kein sichtbar handelndes Subjekt erkennen liessen, dienten Dämonen, Götter oder der biblische Gott zur Erklärung – oder eben der Geist Gottes. Der oben zitierte Vers aus dem Johannesevangelium legt nahe, dass der Geist als stellvertretendes handelndes Subjekt für den in den Himmel aufgefahrenen Jesus verstanden wurde.

Wir heutigen Menschen erfahren unser Leben nicht mehr als von Göttern oder Dämonen bestimmt, sondern von unseren Genen, der Erziehung, von Umwelteinflüssen, anderen Menschen oder unseren eigenen Entscheidungen. Unser Weltbild ist nach Helmut Fischer nicht mehr subjektivisch, sondern funktional. Wenn ein Ereignis uns unverständlich vorkommt, suchen wir Erklärungen in natürlichen Gesetzmässigkeiten, den Naturwissenschaften oder in der Psychologie.

So können wir den Heiligen Geist auch anders, denn als eigenständig handelndes Subjekt (oder göttliche Person) verstehen. Schon der Kirchenvater Athanasius sagte: «Der Heilige Geist ist kein anderer Geist als der Geist Christi." Der Heilige Geist ist der Geist der Liebe. Er ist keine Exklusivität für besonders gläubige Menschen. Es ist der Geist, der uns erfüllt, wenn wir uns für die Liebe öffnen und ihr Raum geben in unserem Alltag.

Fazit: Die Lehre von der Dreieinigkeit – genauso wie die theistische Gottesvorstellung und die Erhöhung Jesu zu einem Gott – ist ein zeitbedingter Versuch, Gotteswirklichkeit zu beschreiben. Als theologische Klärung des Verhältnisses von Gott, Jesus und Heiligem Geist sollte sie kirchliche Einheit schaffen und dem 'richtigen' Verständnis des christlichen Glaubens dienen. Heute kompliziert sie den Gottesbegriff unnötig und erschwert damit manchen Zeitgenossen den Zugang zum christlichen (Gottes-)Glauben. Sie kann fallen gelassen werden, ohne dass dies dem Kern des christlichen Glaubens Abbruch tut.

1.8 Mensch – gut oder böse?

Das passende Gegenstück zur Vorstellung eines überirdischen, vollkommenen und allmächtigen Gottes bildet in der kirchlichen Tradition das Bild vom Menschen als irdischem, unvollkommenem, sündigem Wesen. Den Höhepunkt – oder besser den Tiefpunkt – dieses christlichen Menschenbildes stellt die im frühen Christentum entwickelte Lehre von der Erbsünde dar. Wie ist es dazu gekommen?

Die Schöpfungsgeschichten des Alten Testaments enthalten den Widerspruch zwischen der Überzeugung, dass Gott den Menschen gut erschaffen hat und der Erfahrung, dass er von Beginn an Böses tut. Während das Judentum mit diesem Widerspruch pragmatisch umging und sich dadurch nicht zu spekulativen Aussagen über das Wesen des Menschen verleiten liess, ging das Christentum einen anderen Weg. Die christliche Theologie machte es sich zur Aufgabe, diesen Widerspruch auf der theoretischen Ebene aufzulösen. Dies musste geschehen, ohne dass Gott für das Böse verantwortlich gemacht wurde.

Einen ersten Beitrag dazu lieferte Paulus im Römerbrief (5,12), wo er die Sünde als kosmische Macht beschrieb und sie auf den Ungehorsam Adams zurückführte. Ausformuliert wurde die Erbsündenlehre dann vom altkirchlichen Theologen Augustin: Durch die Sünde Adams wirke die Macht der Sünde in jedem Menschen fort, denn sie «werde durch den mit Lust verbundenen Zeugungsakt wie eine Ansteckung vom Vater auf alle Nachkommen übertragen.» (HF ChG 127) An dieser Vorstellung hält die römisch-katholische Kirche nach wie vor fest. In ihr wurzelt letztlich auch deren Abwertung und Verdrängung der Sexualität mit ihren bekannten Folgen

Die reformatorischen Kirchen übernahmen die Erbsündenlehre im Sinne einer grundsätzlichen Verdorbenheit des Menschengeschlechts. Martin Luther litt selber sehr an Sündenangst bzw. Angst vor Höllenstrafen – bis er zur erlösenden Erkenntnis fand, im Glauben die (unverdiente) Rechtfertigung durch Gott erfahren zu können. Die Erbsünde war für ihn allerdings nicht mit einer Fokussierung auf den Geschlechtsakt verbunden. Selber war er ja alles andere als leibfeindlich und hatte eine entspannte Beziehung zur Sexualität. Für Ulrich Zwingli hatte die Sünde eher den Charakter eines natürlichen Gebrechens oder einer Krankheit. Damit ordnete er sie quasi dem Willen bzw. der Vorsehung Gottes unter.

Die Erbsündenlehre erhielt im Lauf der Kirchengeschichte unterschiedliche Ausprägungen und Akzentuierungen. Immer jedoch reduzierte sie den Menschen auf ein grundsätzlich erlösungsbedürftiges Wesen. Denn Sünde meinte nicht nur die konkrete böse Tat, die der Mensch tun oder lassen konnte, sondern die Macht der Sünde, unter deren Herrschaft der Mensch stand.

In der neueren Theologie wird die Erbsündenlehre teilweise im übertragenen Sinn als Verflechtung des Menschen in bestehende Unrechtsstrukturen verstanden. Sie sei Ausdruck davon, «dass das Individuum sich schon immer in einer Situation vorfindet, welche durch die Sünde geprägt ist. Von Geburt an ist es in die Gesellschaft hineingestellt ... (als) Ort des Egoismus, der Vorurteile, der Gleichgültigkeit ... und der Mensch nimmt daran teil, sobald er in die Gesellschaft eingefügt wird.» (HO 216f.) Dieser Versuch, den Begriff der Erbsünde neu zu deuten, hat durchaus eine gewisse Plausibilität. Er beruht jedoch auf einer nach wie vor einseitig pessimistischen Sichtweise und übersieht, dass der Mensch genauso teilnimmt an bestehenden Rechtsstrukturen und diese ebenso bewusst oder unbewusst unterstützt.

Ein nicht-theistisches Menschenbild
Der Verzicht auf ein theistisches Gottesverständnis beraubt nun auch dessen menschliches Gegenstück, den erlösungsbedürftigen Sünder, seiner Grundlage. Allerdings sind damit die Bereiche und Erfahrungen menschlicher und gesellschaftlicher Wirklichkeit nicht einfach verschwunden, die mit den traditionellen Begriffen 'Sünde' und 'Böses' beschrieben wurden. Wenn der Mensch kein Sünder mehr ist, ist er nicht plötzlich ein Heiliger. Gefordert ist ein differenzierteres Menschenbild. Eines, das den Menschen erstens nicht auf ein von einem überirdischen Gott abhängiges Wesen reduziert. Und das zweitens seiner Eigenart und Eigenständigkeit als Natur- und Kulturwesen gerecht wird.

Helmut Fischer skizziert, wie ein nicht-theistisches Menschenbild aussehen könnte: Der Mensch ist zunächst einmal ein Naturwesen, das leben will. «Ein Säugling schreit, wenn er Hunger hat und sich unwohl fühlt, und zwar ohne Rücksicht darauf, ob das den Eltern den Schlaf oder die Nerven raubt.» (HF ChG 128) Wenn sein Bedürfnis gestillt ist, ist er ruhig und zufrieden. Dieses Verhalten ist nicht im ersten Fall egoistisch und böse und im zweiten Fall lieb und gut, sondern völlig natürlich. Es ist der physischen Natur des Menschen geschuldet.

Nun ist der Mensch jedoch nicht nur Naturwesen, sondern auch Kulturwesen. «Ein Menschenkind wird nicht in ein soziales Vakuum hineingeboren, sondern in eine bereits strukturierte familiäre und gesellschaftliche Welt.» (Ebd. 129) Es muss lernen, sich mit deren Regeln und Werten auseinanderzusetzen und zu arrangieren, damit es Teil dieser Gemeinschaft werden kann. Kein Mensch kann seiner physischen Natur freien Lauf lassen, wenn er in einer Gemeinschaft leben will.

Diese Grundgegebenheiten des Menschseins lassen es als willkürlich erscheinen, den Menschen im vorneherein und pauschal als böse zu bezeichnen. «Schluss mit Sünde!» fordert deshalb der Theologe Klaas Huizing in seinem gleichnamigen Essay. «Der Mensch ist nicht von Kindheit an böse», aber zum Bösen verführbar, wenn er seine «Handlungsmacht nicht gemeinschaftsverträglich kultiviert.» (KHu 80) Ich möchte die Forderung von Klaas Huizing wörtlich nehmen und plädiere dafür, den Begriff 'Sünde' aus dem theologischen Vokabular des Christentums zu streichen. Er ist in einem solchen Übermass von Menschenfeindlichkeit durchtränkt, dass er nicht mehr zu retten ist.

Es nützt jedoch nichts, den Begriff Sünde zu streichen, wenn wir uns nicht auch von der dahinterstehenden Vorstellung verabschieden, nämlich: Der Mensch sei durch eine grundlegende Bestimmtheit seiner Existenz nicht aus sich heraus zu einem Leben in Liebe fähig. Damit rede ich keinem naiv-optimistischen Menschenbild das Wort.

Auch Menschen, die sich nicht als sündige Geschöpfe eines vollkommenen Gottes verstehen, haben einen Sinn für Verfehlung und Schuld. Das weckt in ihnen jedoch kein Bedürfnis nach Erlösung oder einem Erlöser. Vielmehr suchen sie nach Wegen und

Möglichkeiten, wie ihnen ihr Leben und das Zusammenleben mit ihren Mitmenschen (besser) gelingt. Dass dieses Zusammenleben – neben erfahrener und gelebter Mitmenschlichkeit – von Versagen und Schuld bestimmt bleibt, gilt diesen Menschen nicht als schicksalhaftes Arrangement eines überirdischen Gottes, sondern als Grundgegebenheit des menschlichen Lebens: Wir können der Schuld nicht entfliehen. Wir sind Opfer da und Täter dort, Letzteres manchmal auch ohne bösen Vorsatz. Den Opfern hatte der traditionelle theistische Gott Wiedergutmachung im Jenseits angeboten, den Tätern – bei Reue – göttliche Vergebung. Ohne diesen Gott müssen wir Menschen mit der Unvermeidbarkeit von Schuld und Versagen selber klarkommen. Es liegt an uns.

Wir können Schuld verharmlosen, verdrängen oder auf andere abschieben. Deshalb ist sie nicht immer dort am grössten, wo sie sichtbar oder gerichtlich festgestellt wird. Wir können Schuld aber auch erkennen, eingestehen und – manchmal – wiedergutmachen. Ent-Schuldigen hingegen können wir uns nicht selber. Dies – das heisst vergeben – kann uns nur der Mensch, an dem wir schuldig geworden sind. Das ist allerdings nicht immer möglich. In einem solchen Fall – ohne Vergebung und ohne Möglichkeit der Wiedergutmachung – bleibt mir als konstruktiver Umgang mit meiner Schuld nur deren Integration in meine Biografie – und das Vertrauen auf meine Nächsten: Dass sie mir meine Reue glauben und mir damit einen Neuanfang ermöglichen.

Fazit: Die Festlegung des Menschen auf ein sündiges und erlösungsbedürftiges Geschöpf ist ein zeitbedingtes Konstrukt aus theologischen Überlegungen und philosophischen Spekulationen. Der Mensch ist kein Sünder und muss nicht durch einen Gott vom Bösen erlöst werden, wie es die Bitte des Unser Vater-Gebets suggeriert. Aber er ist fähig zu guten und bösen Taten. Er kann seine Handlungsmacht gemeinschaftsverträglich nutzen, aber auch Schuld auf sich laden. Als schuldig Gewordener rettet ihn kein

Gott, sondern das Vertrauen auf die Liebe seiner Nächsten, die ihm einen Neuanfang ermöglichen.

1.9 Gebet – vom Wort zur Tat

Das Beten zu einem theistisch verstandenen Gott war für mich lange Zeit selbstverständlicher Teil meines Glaubens. Mehr noch: Es galt mir als eine Art Gradmesser für dessen Zustand. Nahm ich mir gerne und genügend Zeit für das persönliche 'Gespräch mit Gott' war alles in Ordnung. Gelang es mir nicht, deutete ich dies als Zeichen, dass mit meinem Glaubensleben, meiner Beziehung zu Gott etwas nicht stimmte.

Heute ist das, was ich damals als Beten verstand und praktizierte nicht mehr Teil meines Glaubens. Mein Abschied vom theistischen Gottesverständnis blieb nicht ohne Folgen für meine Gebetspraxis. Umgekehrt haben meine zunehmenden Schwierigkeiten mit dem Beten zu einem theistischen Gott meinen Abschied von diesem Gottesverständnis beschleunigt. Das erstaunt nicht, denn im Gebet wird die Problematik einer theistischen Gottesvorstellung wohl am deutlichsten sichtbar und erfahrbar. Der anglikanische Bischof John Shelby Spong nennt das Gebet «die Trumpfkarte des Theismus. Wenn diese Karte jedoch nicht mehr sticht, muss der Beter entdecken, dass er seinen Beschützer verloren hat.» (JSP Wda 223)

Spong illustriert dies am Beispiel einer Studentin, die an einer bakteriellen Hirnhautentzündung erkrankte. Ihre MitstudentInnen an der Bibelschule organisierten Gebetswachen rund um die Uhr. Sie vertrauten darauf, dass inständiges Gebet Wunder bewirken und unerschütterlicher Glaube Berge versetzen kann. Trotz allem aber schritt die Krankheit fort und am Ende mussten der Studentin

beide Beine amputiert werden. Dass diese Erfahrung bei den Stu-
dentInnen zu einer Glaubenskrise führte, ist mehr als verständlich.

Wie gingen sie mit dieser Glaubenskrise um? Nicht anders, als
all die Menschen, die in ihrem Leben ebenfalls eine Gebets- und
Glaubenskrise erleben: Die einen suchen die Schuld bei sich und
denken, sie hätten nicht ernsthaft genug gebetet. Andere sagen,
Gottes Wege seien oft anders als unsere Wege. Sie interpretieren
die Tragödie als Teil eines guten göttlichen Planes, der jetzt ver-
borgen sei und den sie erst später verstehen würden. Wieder andere
ändern ihre Gebetspraxis und bitten nicht mehr für konkrete Dinge,
sondern nur noch darum, dass Gottes Wille geschehen möge. Damit erklären sie im Grunde genommen das Gebet als überflüssig
und die biblischen Gebetsverheissungen als nichtig. Zudem unter-
schieben sie Gott den Willen zum Bösen. Im Hinblick auf das Beispiel der Studentin kommentiert Spong zynisch: «Gott hat offen-
sichtlich einen gewissen Bedarf für junge Erwachsene ohne
Beine.» (JSP Wda 220)

Dass Betroffene selber – wenn sie am Schicksalsschlag nicht
zerbrechen – im Nachhinein einen Sinn in ihrem Widerfahrnis sehen können, ist eine andere Geschichte und ist ihrer Resilienz und
ihrem (Über-)Lebenswillen geschuldet und nicht dem grausam gut
durchdachten Plan eines Gottes.

Das Beten zu einem theistisch verstandenen Gott ist aus einem
weiteren Grund problematisch: Es hält uns Menschen in der Un-
mündigkeit fest, weil immer die Gefahr besteht, dass wir das Gebet
mit Magie verwechseln. «Magisches Beten rechnet mit dem wun-
derbaren Eingreifen eines ausserweltlichen Wesens, das unsere
Schwierigkeit plötzlich und ohne unser Dazutun löst.» (DS DRe
148) Mag diese Haltung da und dort als Ausdruck kindlichen Gott-
vertrauens gepriesen werden – für Dorothee Sölle ist sie Zeichen
einer unerwachsenen Religiosität.

Abschied vom Gebet?

Damit stellt sich nun die Frage: Führt der Abschied vom theistischen Gottesverständnis zum Abschied vom Gebet?

Für Klaas Hendrikse ist die Antwort ein klares Ja. Er plädiert dafür, das Wort 'beten' abzuschaffen. Denn es setze voraus, «dass es irgendwo einen Gott gibt, der Gebete von Menschen hört und darauf reagieren kann.» (KH 157) Ohne diesen Gott werde das Gebet jedoch zum Selbstgespräch. Um Missverständnisse zu vermeiden, verzichte er nach Möglichkeit auf den Gebrauch des Wortes. Er wolle nicht vortäuschen, an einen Gott zu glauben, den man mit 'Du' anreden könne. In seinen Gottesdiensten lade er die Anwesenden dazu ein, still zu werden, gebe ihnen Gelegenheit zu sich zu kommen oder zu beten oder sich zu besinnen oder wie immer sie ihre Art des Stillwerdens nennen wollten. Auf diese Weise fühlten sich einerseits diejenigen angesprochen, denen das Wort noch vertraut sei, andererseits diejenigen, die nicht mehr beten könnten wie früher. Hendrikse verzichtet also nicht völlig auf den Begriff, interpretiert aber dessen traditionelle Bedeutung, indem er ihn nicht exklusiv verwendet.

Für Matthias Kroeger bleibt das Gebet zu einem nicht-theistisch verstandenen Gott möglich: «Das in aller Welt uns umgebende Wunder und Geheimnis, Gott genannt, spricht zu uns in Gebot und Gnade, in Schöpfung und Vergehen ... Ihm können wir daher auch antworten, zu ihm sprechen und beten ... (MK 84f.) Man könne dies tun, wenn man das 'Du' Gottes nicht gegenständlich, sondern symbolisch verstehe. Man könne aber auch auf das Gebet verzichten und sich durch un- oder überpersönliche Meditation auf das Geheimnis Gott einlassen – beides sei möglich.

Dorothee Sölle hält ein Gebet, das nicht in der Illusion des Theismus wurzelt, ebenfalls für möglich. Zu einem solchen Gebet gehöre dreierlei: Ich muss als Betender selber vorkommen im Gebet, indem ich mir meine Verantwortung für die Welt neu klar mache, statt sie abzuschieben. Das heisst: Ich bete im Bewusstsein, dass

Gott keine anderen Augen und Ohren, Füsse und Hände hat als die meinen. Als zweites soll das Gebet nicht abstrakt, sondern möglichst konkret sein. Und schliesslich muss das Gebet aufgeklärt sein, das heisst ich muss mich über die Umstände eines Gebetsanliegens informieren.

In ihrem Plädoyer für ein solch selbstverantwortliches, aufgeklärtes und konkretes Gebet hat Sölle vor allem das öffentliche, gottesdienstliche Gebet im Auge. Nach ihren Kriterien wäre eine Bitte, wie ich sie in Kapitel 1.3 angeführt habe, nicht mehr möglich: Gott, da sind Menschen, die Leid ertragen müssen. Erlöse sie von ihrer Not.

Wie könnte diese Bitte in Sölle's Sinn lauten? Vielleicht so: Täglich hören und lesen wir in den Medien von Menschen, die auf ihrer Flucht übers Meer ihr Leben aufs Spiel setzen. Wir wollen unsere Augen und Ohren vor ihrem Leid nicht verschliessen und auch nicht in untätiger Resignation verharren, sondern als Einzelne und als christliche Gemeinschaft nach Wegen suchen, ihnen beizustehen.

Dorothee Sölle hält es für müssig, über die Frage zu streiten, ob das Gebet nun Monolog oder Dialog sei. Wichtiger wäre zu fragen, was denn überhaupt geschieht, wenn ich etwas zur Sprache bringe, das mich im Innersten bewegt – ob ich es nun Gebet nenne oder nicht. Ihre Antwort: «Das Sprechen verändert den Sprechenden.» (DS AaG 115) Jede und jeder von uns hat das schon erlebt, zum Beispiel, wenn wir uns etwas 'von der Seele geredet' haben. Wenn wir etwas ausgesprochen haben, uns ausgesprochen haben, dann hat sich etwas in uns verändert.

Im Gebet, nicht-theistisch verstanden, geht es also nicht mehr darum, dass wir Gott zum Handeln auffordern, sondern dass wir selber handlungsfähig werden. Albert Schweitzer hat dies mit anderen Worten und in nichttheologischer Sprache so zum Ausdruck gebracht: «Gebete verändern die Welt nicht. Aber Gebete verändern die Menschen. Und die Menschen verändern die Welt.» (L8)

Vielfältig beten

In diesem nicht-theistischen Gebetsverständnis rücken Beten und eigenes Handeln viel stärker zusammen als im traditionellen Verständnis. Ja, man könnte gar sagen, die alte Mönchsregel 'ora et labora' (bete und arbeite) wird zu 'ora est labora' (bete, das ist arbeite).

John Shelby Spong schlägt vor, das Wort 'Gebet' durch 'Kontemplation' oder 'Meditation' zu ersetzen. Und zwar deshalb, weil diese Worte klar zum Ausdruck bringen, «dass ich nichts mehr, als mich selbst verändern will.» (JSP Wda 231) Wo er das Wort noch braucht, verschmelzen auch bei ihm die Begriffe Beten und Handeln miteinander. «Mein Gebet wurde eins mit meinem Leben und meiner Liebe.» (JSP Wda 229) Kurz: Beten heisst liebend leben.

Ulrich Schaffer – in seinem lesenswerten Buch «Beten über Worte hinaus» – tritt ebenfalls dafür ein, dass Beten nicht nur als sprachlicher Akt gesehen wird, sondern Haltungen und Handlungen einschliesst: «Für mich ist Beten die Sprache des ganzen Wesens, nicht nur ein verbaler Akt.» (US 7) Das gilt auch für ganz alltägliche Tätigkeiten wie das Essen. Betend essen und essend beten würde dann heissen, in der Haltung der Dankbarkeit zu essen, bewusst zu essen, das Essen zu geniessen, über das Wunder zu staunen, dass sich der Körper aus den Nahrungsmitteln nimmt, was er braucht, sich der Verantwortung für die Hungernden bewusst zu sein. All dies kann ab und an auch in Worte gefasst werden. Aber es muss nicht zwingend vor dem Essen durch ein Tischgebet geschehen, damit der Dankbarkeit formell Genüge getan ist.

Wie beim Begriff 'Gott' stellt sich nun zum Schluss auch hier die Frage: Macht der Begriff 'Gebet' noch Sinn, wenn er im nicht-theistischen Verständnis einerseits ein menschliches Selbstgespräch, allenfalls einen inneren Dialog bezeichnet und anderseits mit dem Handeln so verschlungen sein kann, dass Beten Handeln und Handeln Beten bedeutet? Ich würde ähnlich argumentieren, wie beim Begriff 'Gott'.

Seit den Anfängen der menschlichen Sprache ist die Sprachform Gebet Teil der menschlichen Kultur – sogar länger schon als das Wort und die Vorstellung von einem Gott. Diese Sprachform hat im Laufe der Zeit verschiedenste Ausdrucksformen entwickelt – und sie wird dies weiterhin tun. Menschen werden auch in Zukunft zur Sprache bringen, was sie im Innersten bewegt. Dabei ist es letztlich unerheblich, ob wir dafür die Bezeichnung Gebet oder Meditation oder Kontemplation verwenden.

In Auswertungen von Glaubensumfragen wird manchmal festgestellt, dass die Gebetspraxis der Menschen im Vergleich zu früher abgenommen habe. Dieser Befund rührt meines Erachtens zu einem grossen Teil daher, dass die Befragten beim Stichwort Gebet an das Gespräch mit einem theistisch verstandenen Gott denken. Auch auf den Internetseiten der Evangelisch-reformierten Kirche Schweiz und der Evangelischen Kirche in Deutschland ist unter dem Stichwort Gebet bzw. Beten das Gebet als Gespräch mit einem theistisch verstandenen Gott enggeführt.

Was mich betrifft, so möchte ich den Begriff 'Gebet' nicht einfach aufgeben, sondern ihn von seiner theistischen Engführung befreien. Beten kann ich auf verschiedene Weise. In Wort und Tat.

Fazit: Beten ist im nicht-theistischen Verständnis kein Gespräch mit einem überirdischen Gott. Es kann als Meditation oder als innerer Monolog geschehen, je nach Gottesvorstellung auch als Dialog mit einem Du. Das Gebet verändert im besten Fall die betende Person (und damit ihr Wirken in der Welt), aber nicht irgendwelche Umstände durch das Eingreifen Gottes. Als Gebet können – über Worte hinaus – auch Haltungen und Handlungen verstanden werden.

1.10 Glauben – von den Fesseln der Tradition befreit

Glauben ist ein Allerweltswort. Wir verwenden es nicht nur in religiösen Zusammenhängen, sondern auch bei ganz alltäglichen Gelegenheiten. Es kann Verschiedenes bedeuten: 'Ich glaube, dass es morgen regnen wird'. Damit drücken wir eine Vermutung aus. 'Ich glaube dir' will heissen: Ich vertraue dir. 'Ich glaube an dich' bedeutet: Ich traue es dir zu.

Diese unterschiedlichen Bedeutungen im umgangssprachlichen Gebrauch können zu Unklarheiten führen, wenn wir das Wort im Zusammenhang mit dem (christlichen) Glauben anwenden. 'Ich glaube an Gott' kann bedeuten: Ich glaube, dass es Gott gibt. Aber auch: Ich vertraue auf Gott. Oder: Ich lebe entsprechend dem Willen Gottes. Mit dem Substantiv 'Glaube' können einerseits die Glaubensinhalte aber auch die Glaubenshaltung gemeint sein.

Im Laufe der jüdisch-christlichen Geschichte erhielt der Begriff unterschiedliche Akzente:

Das Alte Testament kennt kein Substantiv für 'Glaube'. Das hat einerseits damit zu tun, dass die Existenz Gottes für die Israeliten unbestritten war. Anderseits mit dem speziellen Verhältnis des Volkes Israel zu seinem Gott, das den Charakter eines Bundes hatte. Nicht Glaube, sondern Treue zu diesem Bund ist deshalb von den Israeliten gefordert. Diese Treue findet Ausdruck im Gehorsam gegenüber den Geboten Gottes. Das Gottesverhältnis der Israeliten steht damit aber auch in Gefahr, zu einem reinen Gesetzesgehorsam zu verflachen.

Diese Tendenz wird im Neuen Testament von Jesus kritisiert. Sein eigener Glaube ist geprägt vom Vertrauen in die Gegenwart Gottes und der Gewissheit des anbrechenden Gottesreichs (siehe Kap. 1.5) Jesus hat keinen Glauben an seine Person gefordert. Der Glaube an ihn entstand aus dem Glauben an seine Auferstehung.

Als erster biblischer Autor hat der Apostel Paulus diesen Glauben in Worte gefasst und in Verbindung mit Vorstellungen der damaligen Umwelt weiterentwickelt. Zwar kann er in seinem Brief an die Galater – vermutlich der älteste seiner Briefe – noch schreiben: «In Christus Jesus gilt allein der Glaube, der sich durch die Liebe als wirksam erweist.» (Gal. 5,6) Insgesamt zeigt Paulus jedoch kein grosses Interesse am irdischen Jesus. Er unternimmt wenig, um von denen, die Jesus persönlich gekannt haben, Näheres zu erfahren. Vielmehr betont er seine Eigenständigkeit als Apostel. Und er stellt den gekreuzigten und auferstandenen Christus in den Mittelpunkt seiner Verkündigung. Typisch dafür etwa der Satz im 1. Korintherbrief: «Ich hatte beschlossen, bei euch nichts anderes zu wissen ausser das eine: Jesus Christus, und zwar den Gekreuzigten.» (1. Kor. 2,2) Folgerichtig schreibt er da und dort sogar von *meinem* Evangelium. Paulus deutet die Kreuzigung und die Auferstehung Jesu als entscheidendes Heilsereignis, das im Glauben angenommen werden muss. Damit erhält der Glaube bei ihm mehr und mehr den Charakter von Glaubensgehorsam. Er entwickelt sich zur Lehre, die angenommen werden muss.

Diese Entwicklung setzt sich in der frühen Kirche fort. Der Glaube wird zur Glaubenslehre, die gegen Irrlehren verteidigt und durchgesetzt werden muss. Die von Jesus gelebte Wahrheit der Liebe wird ersetzt durch die Wahrheit eines theologischen Lehrsystems. Ausdruck dieser Entwicklung sind auch die Glaubensbekenntnisse, die auf den kirchlichen Konzilen, vor allem im 4. Jahrhundert, formuliert werden.

In Folge der offiziellen Anerkennung des Christentums als Religion und seiner Erhebung zur Staatsreligion einige Jahrzehnte danach, wuchs das Interesse der römischen Kaiser, die Kirche durch einheitliche Glaubensgrundlagen zu einen. Das irdische Leben Jesu – abgesehen von den Eckpunkten Geburt und Kreuzigung – wie auch seine Botschaft spielten in diesen Bekenntnistexten keine Rolle mehr. Der Theologe Helmut Fischer stellt fest: Glauben heisst nun, «die kirchlich verwalteten Glaubenslehren gehorsam und widerspruchslos anzunehmen.» (HF ChG 98) Erst die Reformation habe – in Abgrenzung zu diesem Glauben als Fürwahrhalten – wieder stärker das Verständnis des Glaubens als existentielles Vertrauen betont. Allerdings ging und geht auch in der reformierten Kirche immer wieder vergessen, dass die Lebenspraxis der einzige Ort des Glaubens ist. Ein theistisches Gottesverständnis leistet dieser Verkümmerung des Glaubens als Fürwahrhalten Vorschub. Denn es verlangt, dass man zu gewissen Aussagen über diesen Gott Ja sagen muss.

Kein Extrafach für den Glauben
Auch heute wird der christliche Glaube von vielen als eine Art religiöse Sonderleistung verstanden: Man muss unglaubliche Dinge glauben und unübliche Dinge tun. Die einen verabschieden sich deshalb von der Kirche, weil sie diese Sonderleistung nicht mehr erbringen wollen. Andere distanzieren sich, bleiben aber noch dabei und nehmen in Anspruch, dass sie auch ohne das 'ganze Brimborium' rechte Christen sein können. Ihr Lebensmotto (oder ihr Glaube?) ist: Tue recht und scheue niemand! Obwohl hier der erste Teil (Fürchte Gott) des ursprünglichen Dreiklangs auf der Strecke geblieben ist – für mich klingt das Motto ziemlich jesuanisch. Gewiss braucht das rechte Tun einen Massstab, nach dem es sich richten kann. Auch für einen Menschen, der sich weder als Christ noch als speziell religiös versteht, kann dieser Massstab die Nächstenliebe sein. Oder – warum nicht – die Allgemeine Erklärung der Menschenrechte; nicht zufällig ist diese auf dem Boden des 'christlichen Abendlandes' entstanden.

Deshalb möchte ich – dem allgemeinen Sprachgebrauch entgegen – hier nicht von Gläubigen und Ungläubigen sprechen. Die Klammerbemerkung oben nach dem Stichwort 'Lebensmotto' deutete es schon an: Auch wer nicht im traditionellen Sinn an einen theistischen Gott glaubt, kann ein gläubiger Mensch sein. Ich halte es hier mit dem Philosophen Volker Gerhardt, der im Vorwort seines Buches «Der Sinn des Sinns» schreibt, «dass jede und jeder irgendetwas glaubt, sobald er ernsthaft etwas tut oder lässt.» (VG 9)

Auf anschauliche Weise beschreibt Dorothee Sölle diesen Lebensbezug des Glaubens: «Mir scheint die oft gestellte Frage: Glaubst du an Gott? meistens oberflächlich. Wenn es nur bedeutet, dass in deinem Kopf ein Extrafach ist, wo Gott sitzt, dann ist Gott keineswegs ein Ereignis, das dein ganzes Leben verändert ... Wir müssten eigentlich fragen: Lebst du Gott?» (DS DRd 183) Anders gesagt: Es geht nicht darum, Gott zu denken, sondern Gott zu leben.

Fazit: Christlicher Glaube heisst nicht, zu glauben, dass es Gott gibt. Oder dass er seinen Sohn geschickt hat, um ihn am Kreuz für unsere Sünden sterben zu lassen. Es gilt überhaupt: Christliche Wahrheit muss nicht geglaubt, sondern soll gelebt werden. Deshalb heisst nicht-theistisch an Gott glauben für mich persönlich: Ich glaube an die Liebe. Ich setze auf die Liebe in meinem Leben. Noch kürzer sagt es Gotthold Hasenhüttl: «Der Glaube hat nur einen Inhalt: Einander lieben.» (GH 94)

1.11 Lieben – nichts mehr

Nachdem ich das 'Hohelied der Liebe' bereits verschiedentlich angestimmt habe, soll ihr nun noch ein eigenes Kapitel gewidmet sein. Ich skizziere zunächst in Kürze die Vielfalt an Bedeutungen dieses Begriffs und beziehe mich dabei auf Ausführungen von Helmut Fischer.

Der Begriff Liebe bezeichnet einerseits Verhaltensweisen, die eine biologische Grundlage haben, wie die geschlechtliche Liebe, die Elternliebe oder die Geschwisterliebe. Die Freundesliebe hingegen «ist eine erst in der menschlichen Kultur hervorgebrachte Form der personalen Beziehung.» (HF ChG 78) Der Begriff

'Nächstenliebe' bezieht sich auf ein religiöses Phänomen. Er schliesst auch Menschen ein, «zu denen keine spontane Zuneigung entsteht» und bezieht sich zunächst «nur auf den Kreis der Glaubensgenossen.» (Ebd.) Im Alten Testament wird sie auf Fremde ausgeweitet, die in Israel leben.

«Für die Bezeichnung jener Liebe, die durch Jesus wirklich ... geworden ist und die man christliche Liebe nennen kann, hat sich das griechische Wort agape durchgesetzt ... Agape ist bedingungslose Liebe.» (Ebd.) Diese Liebe fragt nicht danach, ob sie dem Liebenden «nützt, ob sie erwidert wird, ob sie ihm gedankt wird. Sie gilt dem Menschen als dem Menschen.» (Ebd. 79)

Diese bedingungslose Liebe ist aber keine selbstlose Liebe, wie christliche Liebe oft idealisiert wird. Denn die Liebe zu sich selbst wird quasi im gleichen Atemzug genannt, und dies sogar schon im Alten Testament. «Du sollst deinen Nächsten lieben, wie dich selbst.» (3. Mose 19,18)

Was heisst Gott lieben?
Neben den verschiedenen Formen der Liebe zu Menschen, spricht die Bibel auch von der Liebe zu Gott: «Du sollst den Herrn, deinen Gott, lieben von ganzem Herzen, von ganzer Seele und mit ganzer Kraft.» (5. Mose 5,6) Im Neuen Testament, im bekannten Gleichnis vom barmherzigen Samariter (Luk. 10,25ff), erscheinen dann erstmals alle drei in Kombination – die Gottesliebe, Nächstenliebe und Selbstliebe. Und zwar als wichtigstes Gebot.

Ich habe mich im Laufe meines Lebens manchmal gefragt – aber nie eine befriedigende Antwort gefunden – wie das gehen soll: Gott, insbesondere einen überirdischen, unsichtbaren Gott zu lieben. Heute sehe ich im Gebot, vor meinem Nächsten und mir selbst Gott zu lieben, keinen Sinn mehr. Gott zu lieben – wenn ich diese Ausdrucksweise überhaupt noch verwende – bedeutet nichts anderes, als meinen Nächsten zu lieben.

Diese Einsicht verdanke ich niemand geringerem als dem Apostel Paulus, der an zwei Stellen in seinen Briefen das Doppelgebot der Liebe auflöst oder verkürzt und nur noch die Nächstenliebe erwähnt. «Denn das ganze Gesetz hat seine Erfüllung in einem Wort gefunden: Liebe deinen Nächsten wie dich selbst.» (Gal. 5,14) Und im Römerbrief zählt Paulus einige der zehn Gebote auf und fährt dann fort: «... und was es sonst noch an Geboten gibt, wird in dem einen Wort zusammengefasst: Du sollst deinen Nächsten lieben wie dich selbst ... Des Gesetzes Erfüllung also ist die Liebe.» (Röm. 13,9f.)

Gottesliebe und Nächstenliebe – so verstehe ich Paulus – sind nicht zweierlei, sondern ein und dasselbe. Die Gottesliebe ist quasi in der Nächstenliebe inbegriffen. Überall dort, wo das nicht so verstanden wurde, wo das Christentum, wo Religionen überhaupt, die Gottesliebe als etwas Eigenständiges gelehrt und an die erste Stelle gesetzt haben, waren Gewalt, Tod und Zerstörung die Folge: Kreuzzüge, Hexenverbrennungen, Kriege im Namen Gottes, Selbstmordattentate. Dorothee Sölle sagt es so: «Die Berufung auf Gott ... ersparte die Liebe.» (DS DRe 56) Gottesliebe und die Liebe zum Nächsten sind nicht zwei nacheinander erfüllbare Gebote. Das biblische Gebot, Gott zu lieben, wird nur dort erfüllt, wo die Liebe zum Nächsten gelebt wird. Gottesliebe ist nur möglich als Nächstenliebe.

Wo bleibt Gottes Liebe zum Menschen?
Neben der Liebe, die vom Menschen ausgeht, spricht die Bibel auch von der Liebe Gottes zum Menschen. Ja, es ist ein zentraler Satz der traditionellen Theologie, dass die Liebe Gottes aller menschlichen Liebe vorausgeht. Im 1. Johannesbrief lesen wir: «Wir aber lieben, weil er (Gott) uns zuerst geliebt hat.» (1. Joh. 4,19) Was bedeutet diese Vorstellung der allem vorausgehenden Liebe Gottes nun, wenn ich nicht mehr an einen personalen, liebenden Gott glauben kann?

Vielleicht könnte man sagen, dass die Liebe als menschliche Möglichkeit, als Potenz immer schon da ist. Dass sie meinem persönlichen irdischen Leben quasi vorausgeht, schon da ist, wenn ich zur Welt komme. Diese Liebe erfahre ich zunächst durch die Liebe meiner Eltern und weiterer Bezugspersonen. Auf Grund der Erfahrung dieser Liebe, kann ich meine eigene Liebesfähigkeit entwickeln.

Wenn Kinder diese Liebe nicht erfahren, dann nützt ihnen auch das Wissen über einen Gott, der sie angeblich liebt, nichts. Deshalb kann Dorothee Sölle sagen: «Nur wenn hier eine menschliche Begegnung das wieder ganz macht, was menschliche Zerstörung zerstört hat, dann erscheint Gott hier.» (DS DRe 101) Auch in dieser Hinsicht gilt: Gott hat keine anderen Hände als unsere Hände und – so könnte man anfügen – keine andere Liebe, als unsere Liebe.

Fazit: Die Liebe braucht nicht einen Gott, der zuerst geliebt hat, sondern die Erfahrung menschlicher Liebe. Wo diese ausbleibt, nützt auch das Wissen um einen liebenden Gott nichts. Wenn die Liebe zu Gott als etwas Eigenständiges der Liebe zum Nächsten vorangestellt wird, droht Unheil. Deshalb kann die Liebe zu Gott sich nur als Nächstenliebe ausdrücken. Nicht dort, wo Christen die Liebe zu Gott über alles gestellt haben, sondern wo sie die Liebe zum Nächsten lebten, ist die Welt menschlicher geworden.

«Wenn ich allen Glauben habe, Berge zu versetzen, aber keine Liebe habe, so bin ich nichts.» (1. Kor. 13,2)

2. Religion – nicht vom Himmel gefallen

Die Allgegenwart des theistischen Gottesbildes prägt bis heute die im europäischen Raum vorherrschende Sichtweise von Religion, nämlich als Beziehung des Menschen zu einem überirdischen, göttlichen Gegenüber. Deshalb muss der Versuch, den christlichen Glauben von einem nicht-theistischen Gottesverständnis her zu deuten, auch den Religionsbegriff kritisch betrachten.

Dies umso mehr, als das Selbstverständnis des Christentums als Religion nicht frei von Spannungen ist. Einerseits sah sich das Christentum lange Zeit als einzig wahre Religion. Anderseits wirkt bis heute die Stimme des Theologen Karl Barth nach, der sich vehement dagegen wehrte, den christlichen Glauben als Religion zu verstehen. Denn Religion sei Menschenwerk, ein vom Menschen ausgehendes (vergebliches) Bemühen um Gott. Der christliche Glaube hingegen sei die menschliche Antwort auf die vorausgehende Offenbarung Gottes.

Mehr und mehr wird Religion auch zum Gegenstand von gesellschaftlicher Debatte und Auseinandersetzung. ReligionskritikerInnen möchten erreichen, dass die Religion in den Privatbereich verbannt wird. ReligionsanhängerInnen kämpfen gegen den schwindenden Einfluss in der Gesellschaft und verweisen auf die geschichtliche und aktuelle Bedeutung der Religion.

Die folgenden Ausführungen zum Religionsbegriff – es sei hier nochmals gesagt – haben auf Grund der angestrebten Kürze lediglich Skizzen-Charakter. Als Ausgangspunkt dient jeweils eine Frage.

2.1 Was ist Religion?

Die einzige hieb- und stichfeste Antwort auf diese Frage lautet: Es gibt unzählige Definitionen, aber keine, die allgemein anerkannt ist. Je nach wissenschaftlichem Ansatz – z.b. Religionspsychologie, Religionswissenschaften oder Neurobiologie – lautet die Antwort unterschiedlich. Das erstaunt nicht, denn jede dieser Antworten bewegt sich innerhalb der Grenzen dessen, was die betreffende Wissenschaft über den Menschen aussagen kann. Zudem zeigt ein Blick in die Religionsgeschichte: Was wir heute Religion nennen, umfasst eine breite Palette unterschiedlichster Erscheinungen und Verhaltensweisen. Eine universale Bestimmung von Religion steht deshalb in der Gefahr, entweder so allgemein zu sein, dass sie nichtssagend wird oder so spezifisch, dass sie wichtige Aspekte ausschliesst.

Nicht erst der Blick in die Geschichte und die Befragung der Wissenschaften illustriert die Schwierigkeiten der genaueren Bestimmung des Religionsbegriffs. Schon manch ein Alltagsgespräch zeigt, wie unterschiedlich Religion verstanden wird. Ausgehend von den eigenen Erfahrungen – positiven oder negativen – oder geprägt von verkürzten Deutungen wie 'Opium für das Volk' oder 'Kollektivneurose' hat jede und jeder eine andere Sicht auf die Religion. Und auch wer sich als religionslos bezeichnet, definiert seine Religionslosigkeit in Abgrenzung zu einem bestimmten Religionsverständnis. «Bei zehn Gesprächspartnern kann man mit zehn unterschiedlichen Verständnissen von Religion rechnen.» (HF RoG 11) Es ist deshalb unumgänglich, zu klären, was wir meinen, wenn wir von Religion sprechen.

Widmen wir uns zunächst dem Begriff 'Religion' selber. Sein Bedeutungsumfang ist, wie schon angedeutet, einerseits sehr vielschichtig, anderseits stark geprägt vom traditionellen Selbstverständnis des Christentums. Der Begriff hat seinen Ursprung zwar schon im vorchristlichen Rom. Der römische Philosoph Cicero (1. Jh. v. Chr.) bezeichnete mit dem Begriff 'religio' die Götterverehrung im römischen Reich. Er leitete «das Wort von relegere (sorgfältig auswählen) ab und meinte, dass religio darin bestehe, gewissenhaft zu bedenken und zu beachten, was die Götter wollten und wie sie zu verehren seien.» (HF RoG 13)

Das Christentum nahm den Begriff religio auf, leitete ihn aber von religare (binden) her «und definierte religio als die feste Bindung des Einzelnen an den einzigen Gott.» (HF RoG 97) Diese Definition setzte sich im europäischen Raum durch. Das führte dazu, dass Religion sich im abendländischen Raum stets auf ein Verhältnis von Menschen zu einem Gott oder zu Göttern bezieht. Dieser ausschliessliche Bezug auf ein göttliches Gegenüber bedeutet eine Engführung des Religionsbegriffs. Dies zeigte sich beispielsweise, als östliche Religionen in den Blick kamen. So war immer wieder umstritten, ob der Buddhismus überhaupt als Religion bezeichnet werden könne, da er ohne eine Gottesvorstellung als Gegenüber zum Menschen auskommt.

Der verengte Religionsbegriff führt aber auch zu einer verkürzten Sicht von Religion in unserer heutigen Gesellschaft. So wird die Distanzierung vieler Menschen von den Kirchen und ihrem theistischen Gottesverständnis als Verlust von Religion gesehen. Damit wird einer Vielzahl von Menschen Religion abgesprochen, bloss weil sie auf Grund ihres naturwissenschaftlichen Weltbildes nicht mehr an einen überirdischen Gott glauben können. Mehr noch: Menschen bezeichnen sich selber als unreligiös oder areligiös, allein weil ein traditioneller Gottesglaube für sie nicht mehr möglich ist (siehe auch Kap. 2.7 zum Atheismus). Helmut Fischer stellt deshalb fest: « Das überholte enge Verständnis von Religion als eines Verhältnisses des Menschen zu Gott hat einen Graben zu den Zeitgenossen aufgerissen, die, wie alle anderen, ihre elementaren Fragen haben und nach Antworten suchen, dies aber ... ohne die weltanschauliche Vorgabe 'Gott' tun.» (HF RoG 118)

Neben der inhaltlichen Ebene ist eine Annäherung an den Religionsbegriff auf der funktionalen Ebene möglich. Das heisst, wenn man nach den Funktionen fragt, die eine Religion für den einzelnen Menschen, wie auch für eine Gesellschaft übernehmen kann. Hauptsächlich können die folgenden vier Funktionen unterschieden werden:

- Weltanschauliche Funktion: Religion deutet Ursprung, Geschichte und Zukunft von Menschen und Welt.
- Soziale Funktion: Religion ordnet das menschliche Zusammenleben und stiftet Gemeinschaft durch Feiern und Rituale.
- Ethische Funktion: Religion bietet Wertmassstäbe zur Beurteilung von Gütern und Verhaltensweisen.
- Seelische Funktion: Religion hilft, Angst zu bewältigen, Krisen zu bestehen, Schuld zu vergeben, konfrontiert mit der Vergänglichkeit und bietet Hoffnung über den Tod hinaus.

Für die Funktion einer Religion ist es irrelevant, ob sie mit einem Glauben an Gott, Götter oder überirdische Wesen verbunden ist oder nicht. Mit dem funktionalen Zugang werden allerdings die Grenzen gegen aussen fliessender, beispielsweise gegenüber der Philosophie, die mindestens teilweise die aufgeführten Funktionen ebenso übernehmen kann.

Sowohl die inhaltliche, wie auch die funktionale Annäherung an den Religionsbegriff haben also ihre Defizite: Erstere geht von einem Vorverständnis von Religion aus oder fokussiert auf einen Teilbereich und schliesst dadurch andere Perspektiven aus. Letztere muss in Kauf nehmen, dass die Inhalte beliebig werden.

Für den Psychoanalytiker Erich Fromm ist diese Beliebigkeit kein Grund, auf eine funktionale Definition von Religion zu verzichten. Im Gegenteil stellt er klar, «dass ich darunter jedes System des Denkens und Tuns verstehe, das von einer Gruppe geteilt wird und dem Individuum einen Rahmen der Orientierung und ein Objekt der Hingabe bietet.» (EF 28) Damit schliesst Fromm auch weltliche Systeme oder Ideologien bewusst in sein Religionsverständnis ein.

Nähern wir uns dem Religionsbegriff nun nochmals historisch an, gehen dabei aber weiter zurück, als nur bis zum römischen Reich. Denn Erscheinungsformen, die als Religion bezeichnet werden können, existierten schon bevor dieser Begriff geprägt wurde.

2.2 Wie ist Religion entstanden?

Genauso wie es keine allgemein anerkannte Definition von Religion gibt, bieten die Wissenschaften auch unterschiedliche Erklärungen zum Ursprung der Religion. Einigkeit besteht darüber, dass die Religiosität des Menschen die Grundlage für die Entstehung von Religion ist. Was mit Religiosität gemeint ist, kann nun allerdings auch wieder unterschiedlich akzentuiert werden.

Der Theologe Helmut Fischer sieht die Religion in der menschlichen Sprachfähigkeit begründet. Auf Grund dieser Fähigkeit kann der Mensch über sich selber nachdenken, er kann Wirklichkeiten schaffen, die nur in der Sprache, nur in der Vorstellung existieren und er kann sich darüber mit anderen Menschen austauschen. Infolgedessen hält Helmut Fischer die menschlichen Ur-Fragen für die Basis der Religion: Woher komme ich? Wer bin ich? Wozu lebe ich? Wohin gehe ich? «Diese elementaren Fragen, zu denen ein Mensch durch Sprache fähig wird ... sind und bleiben die Basis für das Sinngefüge Religion. Dazu bedarf es keiner besonderen Anlage, keines religiösen Gens, keines religiösen Hirnareals.» (HF ChG 19) Diese Fragen stellen sich jedem Menschen, unabhängig davon, ob er einer bestimmten Religionsgemeinschaft angehört oder nicht. «Die ... Notwendigkeit, ... nach Sinn, Ziel und Verhalten zu fragen, erweist sich als die allen Menschen gleichsam eingeborene Religiosität. Sie verbindet alle Menschen. Die Inhalte und Ausdrucksformen, in denen diese Fragen beantwortet werden (nämlich die konkreten Religionen) trennen sie.» (HF RoG 83) Helmut Fischer bringt seine Sicht des Ursprungs von Religion auf den Punkt, indem er den Theologen und Religionswissenschaftler Karl-Heinz Ohlig zitiert: «Religion ist eine aus der menschlichen Sinnfrage resultierende Deutung von Welt und Geschichte sowie unserer Rolle in ihnen.» (HF RoG 100)

Diese Definition ist einerseits weit gefasst, anderseits begrenzt sie den Religionsbegriff allein auf die Sinnfrage. Gewiss hat Religion immer auch mit der Sinnfrage zu tun. Ich zweifle jedoch daran, dass sie ausschliesslich auf diese zurückgeführt werden kann. Mindestens haben sich die Gruppen der JägerInnen und SammlerInnen vor 100'000 Jahren die Sinnfrage nicht in der Art und Weise gestellt, wie wir das heute tun. Zu sehr waren sie wohl damit beschäftigt, einfach zu überleben.

Überhaupt ist die Rede vom «Sinn des Lebens» eine ziemlich junge Erscheinung ist. Sie «taucht in der deutschen Sprache erstmals am Ende des 18. Jahrhunderts auf», wie der Philosophieprofessor Christian Thies feststellt. (L9)

Religion als kulturelles Schutzsystem
Ein weiteres Modell der menschlichen Religiosität skizzieren Carel van Schaik und Kai Michel. Sie halten zunächst als eine Übereinstimmung der neueren Forschung fest: «Religiosität gehört zur menschlichen Grundausstattung» (vSM 10) Im Anschluss daran verstehen sie Religiosität als «Teil der biologischen Natur des Menschen» und somit als «psychologische Grundlagen» (vSM 237) für die Evolution der Religion. «Religiosität ist zwar angeboren, ihre individuelle Ausprägung … jedoch unterschiedlich, denn sie ist nicht zuletzt abhängig von Sozialisation und Lebensumständen. In urgeschichtlichen Zeiten manifestierte sie sich zunächst im Glauben an eine beseelte Natur voller Geister, Ahnen und Totemtiere.» (vSM 101f.) Schon die JägerInnen und SammlerInnen erklärten sich unerklärliche Ereignisse mit dem Wirken von unsichtbaren Wesen, von Geistern.

Die beginnende Sesshaftwerdung der Menschen ab ca. 10'000 v. Chr. brachte auch einen Schub für die Weiterentwicklung der Religion. Noch bis vor wenigen Jahrzehnten galt die Sesshaftwerdung als reine Erfolgsgeschichte. Heute wissen wir, dass dieser Fortschritt zunächst neue und grosse Probleme mit sich brachte: Die Menschen ernährten sich einseitiger und hungerten öfter, da Dürren und Überschwemmungen sie wegen der engen Bindung an einen Ort härter trafen. Schädlinge konnten zudem die Vorräte zerstören. Die Menschen wurden in der Folge kleiner. Ein Umstand, der bei den Frauen zu Geburtsproblemen führte, denn «die Grösse der Kinder im Mutterleib, insbesondere der Kopfumfang, blieb annähernd gleich.» (vSM 74) Diese Erfahrung spiegelt sich nach Carel van Schaik und Kai Michel in der biblischen Paradiesgeschichte, im Fluch Gottes über Eva, sie werde unter Schmerzen ihre Kinder gebären.

Damit noch nicht genug: «Als begonnen wurde, Tiere zu domestizieren, sprangen Krankheitserreger von Haustieren auf die Menschen über. Pest und Pocken, Karies und Masern, Grippe und Cholera machten sich erstmals über die Menschen her. Zugleich sorgte die Erfindung des Eigentums an Grund und Boden dafür, dass Ungleichheit und Unterdrückung in die Gesellschaften einzogen.» (vSM 15) Der Umgang mit Eigentum musste erst erlernt werden.

Eine genetische, biologische Anpassung an die neue sesshafte Lebensweise und ihre Probleme war in so kurzer Zeit nicht möglich. Es „schlug die Stunde für das grösste Talent des Homo sapiens: die kumulative, kulturelle Evolution". (Ebd.) Wie ist dies zu verstehen?

Die sesshaft gewordenen JägerInnen und SammlerInnen führten auch die neuen Probleme – ihrem bisherigen Glauben entsprechend – auf das Wirken von Geistern und unsichtbaren Mächten zurück. Das Gesetz der Entsprechung (hinter grossen Wirkungen müssen grosse Ursachen stehen) führte dazu, dass diese Geister

mächtiger und zu Göttern wurden. Naturkatastrophen, Nahrungs-
mangel oder Seuchen verstanden die Menschen als göttliche Strafe
und sie versuchten, den Zorn der Götter zu besänftigen, bzw. mit
Regeln und Geboten zu vermeiden. Durch Beobachtung gelang es
da und dort, einen Zusammenhang zwischen ‚Schuld' und Strafe
zu entdecken. Weil Krankheiten vermehrt im Zusammenhang mit
Sexualität, Hygiene oder Essgewohnheiten auftauchten, waren
diese Bereiche besonders von Geboten betroffen.

Mit eindrücklichen und schlagenden Beispielen aus dem Alten
Testament dokumentieren Carel van Schaik und Kai Michel diese
Entwicklung im alten Israel. Sie zeigen auf, wie die Religion sich
«als Unglücksvermeidungs-, als kulturelles Schutzsystem» (vSM
119) mehr und mehr etablierte und institutionalisierte. Und wie
erfolgreich sie in dieser – im Grunde vorwissenschaftlichen –
Funktion war. Pointiert stellen die beiden Autoren fest: «Wer Religion für eine irrationale Angelegenheit hält, hat noch keinen
Blick in die fünf Bücher Mose geworfen.» (vSM 14) Zudem wurde
durch die Regeln und Rituale der soziale Zusammenhalt gestärkt.

Für einen psychologischen Ansatz spricht sich auch Carola
Meier-Seethaler aus. Für sie stehen «an der Wurzel aller Religi-
onsbildung psychische Erschütterungen, die mit den menschlichen
Existenzbedingungen als solchen gegeben sind.» (CMS 23) Diese
Erschütterungen werden hervorgerufen durch das «Wissen um den
Tod, die Trauer um die Toten und die Erfahrung der Ohnmacht
gegenüber den Naturgewalten.» (Ebd.) Archäologische Funde wie
Grabbeigaben oder Höhlenmalereien sind Zeugnisse der schon frü-
hen religiösen Bewältigung dieser Erfahrungen.

2.3 Wie verhalten sich Religion und Kultur zueinander?

Die menschliche Kultur hat sich im Laufe der Zeit mehr und mehr ausdifferenziert. Ursprünglich waren alle Bereiche der Kultur quasi von Religion durchwirkt. Carel van Schaik und Kai Michel sprechen von einer «Ursuppe der Kultur» (vSM 15). Im Laufe der Zeit schieden sich Teile dieser Ursuppe voneinander. Als Politik, Physik, Medizin, Psychologie oder Rechtswissenschaft – um nur einige Beispiele zu nennen – haben sie sich mehr und mehr von der Religion emanzipiert und als unabhängige Bereiche der menschlichen Kultur etabliert. Von der Religion übernommen haben sie die Funktion, das menschliche Leben besser, sicherer und friedlicher zu machen. Auch wenn die Religion sich gegen ihren Bedeutungsverlust wehrte, entwickelte sie sich ebenfalls zu einem besonderen Kulturbereich neben anderen. Da sie es mit den menschlichen Ur-Fragen zu tun hat und damit mit der geistig-seelischen, leiblichen und sozialen Dimension des Menschseins, blieb und bleibt sie – manchmal nur untergründig – mit den sich als weltlich verstehenden Kulturbereichen verwoben. Eben dieser Umstand macht es immer wieder schwierig, Religion einzugrenzen, sie von Nicht-Religion abzugrenzen.

Dieses Bedürfnis, Religion und Nicht-Religion voneinander zu unterscheiden ist allerdings eine eher moderne Erscheinung. Denn es setzt die Auflösung des lange Zeit selbstverständlichen, von der christlichen Religion bestimmten Sinn-Gefüges voraus, die im Rahmen der Aufklärung erfolgte.

2.4 Ist die Religion auf dem Rückzug?

Für ein **Ja** sprechen folgende Überlegungen und Beobachtungen:

- Die Erkenntnisse der Naturwissenschaften haben dazu geführt, dass eine traditionelle Hauptaufgabe der Religionen heute wegfällt, nämlich Unerklärliches zu erklären.
- Existentielle Sicherheit, Schutz vor Naturkatastrophen und gesundheitlichen Risiken werden heute durch den Staat garantiert. Dies macht entsprechende religiöse Rituale überflüssig.
- Für die Bewältigung von Lebenskrisen stehen weltliche Alternativen wie Psychotherapie oder Coaching zur Verfügung.
- Die traditionellen Antworten der christlichen Religion auf Glaubensfragen, Lebens- und Sinnfragen vermögen Menschen von heute nicht mehr zu befriedigen.

Für ein **Nein** lässt sich wie folgt argumentieren: Was als Rückgang von Religion erscheint, ist in Wirklichkeit ein Wandel. Im Rückzug begriffen ist zwar die institutionelle Religion. Diese wird jedoch ersetzt durch individuell frei gewählte Formen von Religiosität und Spiritualität. Es findet demnach kein Rückgang, sondern eine Privatisierung und Individualisierung von Religion statt. Deren Voraussetzung sieht der Theologe Wilhelm Gräb darin, «dass die Menschen religiös auf geradezu radikale Weise autonom geworden sind.» (WG 9) Sie können sich problemlos ihre eigene Patchwork-Religion zusammensetzen – meist nennen sie diese dann nicht mehr Religion, sondern Spiritualität. Als Beispiele anführen lassen sich etwa der Boom des Pilgerns, verschiedene Formen von Yoga, der Engelsglaube, z.B. in Gestalt der Schutzengel, die an die Stelle des allmächtigen Schöpfergottes getreten sind. Ja, überhaupt all die Formen der Spiritualität im Rahmen der New Age- und Esoterik-Bewegung.

Einen spannenden und für mich sehr plausiblen Ansatz, die sich aktuell vollziehenden Veränderungen im Bereich der Religion(en) zu verstehen, verfolgt die internationale theologische Kommission von EATWOT: Ihre Mitglieder deuten die gegenwärtige Entwicklung als Ausdruck des gesellschaftlichen Wandels von einer agrarischen Gesellschaft zu einer «Wissensgesellschaft». Die heute verbreiteten Religionen hätten sich erst mit der Sesshaftwerdung des Menschen herausgebildet und seien historisch zufällige soziokulturelle Ausformungen der menschlichen Religiosität. Sie hätten sich als hilfreich erwiesen, die JägerInnen und SammlerInnen ins Zeitalter der Sesshaftigkeit zu begleiten. Diese Religionen seien nun aber nicht mehr in der Lage, den tiefgreifenden kulturellen Veränderungen im Zusammenhang mit der Globalisierung Rechnung zu tragen. Zudem seien sie inkompatibel mit der seit der Aufklärung vorwiegend wissenschaftlich geprägten Welterkenntnis. Diese Veränderungen seien – wohlgemerkt – nicht als Verfall zu deuten (z.B. Verweltlichung, Werteverlust oder Verbreitung des Materialismus), sondern seien dem Entstehen einer neuen kulturellen Situation geschuldet, wie es die Sesshaftwerdung gewesen sei. Mehr und mehr Menschen würden begreifen, dass die traditionellen Religionen nicht die Quelle der Spiritualität, sondern geschichtlich entstandene Ausformungen derselben seien. Deshalb gehe die Menschheit einem post-religionalen (nicht post-religiösen!) Zeitalter entgegen. «In einigen Gesellschaften zählt man schon seit Jahrzehnten ... Millionen Menschen, die stillschweigend den Religionen den Rücken kehren, um post-religional religiös zu bleiben.» (EATWOT 240; siehe L10)

Die Kommission gesteht zu, dass auf dem Feld der Religion widersprüchliche Entwicklungen stattfänden. Auch seien nicht alle Religionen «agrarisch». Es gäbe aber eine klare Tendenz Richtung post-religionales Zeitalter.

2.5 Ist Religion Privatsache?

In einer liberalen Gesellschaft steht es jedem Menschen frei zu glauben, was er will. Diese Entscheidungsfreiheit ist in der Schweiz festgehalten in Artikel 15 der Bundesverfassung: „Jede Person hat das Recht, ihre Religion und ihre weltanschauliche Überzeugung frei zu wählen." Wenn die Wahl der Religion als freier persönlicher, als privater Entscheid verstanden wird, bedeutet das jedoch nicht, dass Religion insgesamt als private Angelegenheit gesehen werden muss. Denn der Glaube eines Menschen prägt – bewusst oder unbewusst – auch sein Verhalten und seine Handlungen. Erst recht der christliche Glaube, dessen Kern die (Nächsten-)Liebe ist. Nicht umsonst steht am Anfang der christlichen Religion ein Mensch, der von der damaligen Staatsmacht auf Betreiben der religiösen Elite öffentlich hingerichtet wurde. Und dies nicht wegen Verfehlungen in seinen privaten Glaubensangelegenheiten, sondern weil sein Glaube hineinwirkte in die Gesellschaft. Weil er in Wort und Tat einstand für die 'Armen und Elenden'. Weil er den lebensfeindlichen Auswüchsen der Gesellschaft bedingungslose Menschenfreundlichkeit entgegensetzte.

Religion muss zwar persönlich frei gewählt werden können, dadurch wird sie aber nicht zur reinen Privatsache. Sie ist und bleibt immer auch Teil des öffentlichen Lebens. Einerseits durch religiös motivierte Handlungen oder Rituale von Menschen, anderseits durch öffentlich sichtbare Symbole und Bauten. Das Recht auf Glaubens- und Gewissensfreiheit beinhaltet deshalb nach Ansicht von Markus Müller, Professor für Staatsrecht an der Universität Bern, auch eine Pflicht. Es ist die Pflicht zu «Rücksichtnahme und Toleranz gegenüber ... Andersgläubigen.» (MM 75) Denn Grundrechte seien wohl dazu da, die religiöse Entfaltung des Einzelnen zu schützen, nicht aber ihn vor jeder belanglosen Irritation des Alltagslebens und religiösen Verunsicherung zu bewahren. Markus Müller illustriert dies mit konkreten Beispielen: Eine Einschränkung der religiösen Entfaltung sei «weder für die Freidenkerin zu befürchten, die sich in einem Gerichtssaal augenblicklich einem Kruzifix gegenübersieht, noch für den Christen, dem im öffentlichen Raum eine Burkaträgerin begegnet. Auch atheistische Eltern, deren Kind in der Schule christliche Weihnachtslieder mitsingen muss, werden nicht daran gehindert, weiterhin ihre Weltanschauung zu leben und in ihre Kindererziehung einfliessen zu lassen.» (MM 76)

Religiöse Neutralität genügt nicht
Die angeführten Beispiele können aber auch die Frage wecken, was denn den Schutz der Glaubensfreiheit verdiene und was eher Ausdruck kultureller Eigenart sei. Markus Müller sieht hier den Staat stärker in der Pflicht. Wenn dieser die Religionsfreiheit schützen wolle, komme er nicht darum herum, zu definieren, was Religion sei. Das heisst, «dass es Sache des Staates sei, darüber zu befinden, welche Handlungen vom Schutzbereich der Glaubens- und Gewissensfreiheit erfasst werden.» (MM 66) Der Staat darf seine religiös neutrale Haltung also nicht im Sinne einer Abstinenz von religiösen Fragen verstehen, sondern muss eine aktive Religionspolitik betreiben. Angesichts der zunehmenden religiösen Vielfalt in unserer Gesellschaft und im Sinne der Erhaltung des religiösen Friedens kann ich dieser Forderung nach mehr staatlicher Verantwortung nur zustimmen.

Zu Recht weist Markus Müller darauf hin, dass eine absolut verstandene religiöse Neutralität des Staates ein Trugschluss sei. (Staats-)Recht und Religion sind keine isolierten Regelsysteme, sondern befinden sich durch ihren Bezug zu Ethik und Moral im Austausch miteinander. Zudem lasse sich die Verbindung von Recht und Religion historisch illustrieren. So ist es für Markus Müller keine Frage, «dass das staatliche Recht in christlichen Gerechtigkeitsidealen verwurzelt ist.» (MM 85)

2.6 Ist das Christentum Religion?

In mehrfacher Hinsicht Ja – mit einem relativierenden Aber.

Ja im Hinblick darauf, dass sich das Christentum mit den menschlichen Ur-Fragen beschäftigt, in Bibel und Tradition entsprechende Antworten bereithält und in der Kirche als Institution verfasst ist. Ja in Anbetracht der vier Funktionen (s.o.), die das Christentum in der Gesellschaft wahrnimmt. Ja auch gegen Karl Barth und dessen irreführende Gegenüberstellung von Religion als Menschenwerk und Evangelium als Gottes Offenbarung: Der von mir postulierte Verzicht auf die Offenbarungs-Idee macht auch das Christentum zum Menschenwerk. Und im Sinne der Definition von Karl-Heinz Ohlig (s.o.) kann auch ein Christentum ohne überirdischen Gott als Religion gelten.

Mein Aber rührt daher, dass Jesus, wie wir gesehen haben, weder die jüdische Religion reformieren noch eine neue Religion stiften wollte. Er relativierte geltende religiöse Regeln zugunsten der bedingungslosen Zuwendung zum einzelnen Menschen. Erst seine Nachfolger haben aus seiner Botschaft eine neue Religion gemacht. Kurt Marti beschreibt meines Erachtens die jesuanische Relativierung von Religion(en) treffend, wenn er sagt: «Was soll uns eine Religion und was eine Kultur oder Zivilisation, die uns nicht lieben lehrt? Die die Gabe und menschliche Fähigkeit zu lieben nicht fördert und entwickelt, so dass sie alle Beziehungen und Verhältnisse zu bestimmen vermag?» (KM 43f.)

2.7 Ist Atheismus das Gegenteil von Religion?

Als AtheistIn gilt landläufig ein Mensch, der die Existenz Gottes bestreitet und deshalb selber nicht an Gott glaubt. Allerdings sind die AtheistInnen keine homogene Gruppe – genauso wenig wie die

ChristInnen oder Angehörige einer anderen Religion. Insofern ist der Begriff unscharf, ja gar missverständlich.

Ein kurzer Blick in die Geschichte gibt einen Eindruck von der Vielschichtigkeit des Begriffs. Als 'atheoi' «wurden in der Antike Menschen bezeichnet, welche die herrschende Religion und ihre Götter in Frage stellten.» (EKL I 302) So wurde beispielsweise der griechische Philosoph Sokrates als Atheist angeklagt und zum Tode verurteilt, weil er die zu seiner Zeit verehrten Götter nicht anerkannte. Auch die frühen Christen bedachte man mit dem Vorwurf des Atheismus, weil sie sich vom römischen Götterkult und der Kaiserverehrung distanzierten. Atheismus war also eine abwertende Fremdbezeichnung.

In späterer Zeit tauchte der Begriff bei den naturwissenschaftlichen und philosophischen Denkern der Aufklärung wieder auf, die das von der Kirche vertretene Gottesbild bezweifelten. Allerdings wagte in einer ersten Phase nur eine kleine Minderheit, sich offen zum Atheismus zu bekennen «weil Kirche und Staat solche Anschauungen strafrechtlich verfolgten ... Zu den mutigsten Aufklärern gehörte Denis Diderot (1713 - 1784), der seinen offenen Atheismus ... mit dem Kerker bezahlte» (CMS 133f.)

Die zunehmende Infragestellung des traditionellen Gottesbildes liess sich durch solche Massnahmen jedoch nicht aufhalten. Und je mehr sich der Mensch durch wissenschaftliche Erkenntnisse und technische Fortschritte die Welt erschloss, desto kleiner wurde der Platz für einen theistisch verstandenen Gott in dieser Welt.

Zwar ist es nicht so, dass die Mehrheit der Europäerinnen und Europäer sich heute als AtheistInnen bezeichnen würde. Ihr Handeln aber ist insofern atheistisch, als sie in ihrem Alltag weder mit dem Eingreifen eines höheren Wesens rechnen noch ihre Erfahrungen mit dem Handeln eines überirdischen Gottes erklären. Grundsätzlich verändert hat sich die gesellschaftliche Situation auch durch die Trennung von Kirche und Staat und die Verankerung des

Grundrechts der Religionsfreiheit. Menschen können sich heute gefahrlos als AtheistInnen bezeichnen.

Der kurze Rückblick macht deutlich, dass der Atheismus geschichtlich gesehen keine originale Weltanschauung, sondern immer eine (Abwehr-)Reaktion auf einen überlieferten Gottesbegriff ist.

Atheismus ist nicht Unglaube
In der heutigen Zeit beziehen sich AtheistInnen in ihrer Abgrenzung in der Regel auf das traditionelle theistische Gottesverständnis des Christentums. Typisch dafür ist die in Kapitel 1.3 erwähnte Plakataktion der Freidenker-Vereinigungen, die explizit den allmächtigen, überirdischen Gott des Christentums in Frage stellte.

Diese atheistische Kritik verfehlt aber mindestens dort ihr Ziel, wo die christliche Theologie sich selber vom traditionellen theistischen Gottesbild verabschiedet hat, wie ich dies in Kapitel 1.3 beschrieben habe. Stellvertretend soll hier noch einmal Dorothee Sölle erwähnt werden, die in ihrem Buch «Atheistisch an Gott glauben» Atheismus und christlichen Glauben miteinander verbindet: «Der paradoxe Ausdruck will sagen, dass Glauben hier als eine Art Leben verstanden wird, das ohne die supranaturale, überweltliche Vorstellung eines himmlischen Wesens auskommt, ohne die Beruhigung und den Trost, den eine solche Vorstellung schenken kann: eine Art Leben also ohne metaphysischen Vorteil vor den Nicht-Christen, in dem trotzdem an der Sache Jesu in der Welt festgehalten wird.» (DS AaG 79)

Dass Atheismus nicht mit Unglauben gleichzusetzen ist, rückte in den vergangenen Jahren stärker ins gesellschaftliche Bewusstsein. Nicht zuletzt durch Publikationen wie diejenige des Philosophen André Comte-Sponville «Woran glaubt ein Atheist? Spiritualität ohne Gott» (2009). Comte-Sponville möchte mit seinem Buch dazu beitragen, eine für AtheistInnen passende Spiritualität zu erfinden.

AtheistInnen haben dem Begriff 'Spiritualität' gegenüber weniger Berührungsängste als dies beim Begriff 'Religiosität' der Fall ist. Das hat damit zu tun, dass Religiosität nach Religion klingt und damit die Assoziation von institutioneller Religion und – im westlichen Kontext – von Kirche weckt. Der Begriff 'Spiritualität' dient somit der Abgrenzung von traditioneller Religiosität – nicht umsonst ist er im Rahmen der Verbreitung der New-Age-Bewegung in unsere Alltagssprache übergegangen. Auf der Sachebene sind Erscheinungsformen der Spiritualität aber mit solchen der Religiosität durchaus vergleichbar.

Gemeinschaft und Rituale
Unübersehbar wird die Verwandtschaft des Atheismus mit (traditioneller) Religion dort, wo dieser sich missionarisch betätigt, wie in der erwähnten Plakataktion der FreidenkerInnen oder dort, wo er sich institutionell organisiert. So hat sich ein Teil der AtheistInnen in der Schweiz im Rahmen der Freidenker-Vereinigung zusammengeschlossen. Diese beschreibt ihr Selbstverständnis mit den Begriffen «säkular – humanistisch – rational». Die Vereinigung tritt ein «für eine weltlich-humanistische Ethik, in der die Menschenrechte eine zentrale Rolle einnehmen.» (L11)

Die Freidenker-Vereinigung bietet ihren Mitgliedern, wie auch der breiten Bevölkerung, weltlich-humanistische Rituale an. Sei es für eine Willkommensfeier für ein neugeborenes Kind, eine Hochzeit oder eine Abschiedsfeier für einen verstorbenen Menschen: «Wir beschränken uns auf das Diesseits, rufen weder Gottheiten noch Engel an. Wir wollen als Menschen für Menschen da sein.» (L12)

Auch wenn die FreidenkerInnen bei ihren Feiern explizit auf einen Jenseitsbezug verzichten – nach einem funktionalen Religionsverständnis können diese durchaus als religiöse Feiern gesehen werden. Es sind auch keine religiös neutralen Feiern, da sie von der persönlichen Religiosität (oder Spiritualität) des jeweiligen Ritualbegleiters oder der Ritualbegleiterin geprägt sind.

Religiöser Atheismus manifestiert sich ebenfalls in den 2014 in London gegründeten 'Sunday Assemblys'. Inzwischen gibt es Ableger dieser Sonntagsversammlungen in Dutzenden von Städten rund um den Globus, seit gut zwei Jahren auch in München. Die Sunday Assemblys verstehen sich zwar als Gemeinschaft ohne Bekenntnis, trotzdem kennen sie eine verbindliche Charta mit zehn Punkten unter dem Motto «Live better – Help often – Wonder more». Punkt sechs etwa lautet: «Hat eine Community-Mission. Will eine Kraft für das Gute sein.» (L13) Die Zusammenkünfte sind vom Ablauf her einem Gottesdienst nachgebildet mit Lesungen, einem Vortrag und Gesang. Die Rede ist allerdings nicht von Gott, Jesus oder der Bibel, sondern von allgemeinen Lebensfragen. „Wir feiern eine Art Menschendienst mit Nahrung für Geist und Seele", sagt die Münchener Mitgründerin Birgit Magiera in der Zeitung «Die Welt» vom 22. Oktober 2017. Im Anschluss an die Versammlungen gibt es Kaffee und Kuchen. Die Versammlungen verstehen sich als «radikal inklusiv», das heisst sie sind offen für AtheistInnen, ebenso für konfessionell gebundene Menschen. «Der eigene Glaube oder Nicht-Glaube spielt einfach keine Rolle.» (L13)

Neben diesen organisierten Formen atheistischer Spiritualität gibt es auch AtheistInnen, die sich eine individuelle Patchwork-Spiritualität zusammenstellen und kein Bedürfnis nach Gemeinschaft entwickeln. Andere engagieren sich gesellschaftspolitisch im Sinne des 'help often', ohne dass sie ihren Atheismus intellektuell reflektieren. Schliesslich kann sich Atheismus schlicht als weltanschauliche Indifferenz oder Gleichgültigkeit manifestieren.

Zivile Hochzeitsfeiern
Nicht frei von Religiosität sind nach meinem Verständnis auch die zivilen Hochzeitsfeiern, wie sie in der Schweiz landauf landab von ZivilstandsbeamtInnen durchgeführt werden. Dies in zunehmendem Mass, seit viele Brautpaare auf eine kirchliche Trauung verzichten. Das Bedürfnis der Brautleute nach einem feierlichen Akt führt dazu, dass die ZivilstandsbeamtInnen zur Ausgestaltung der

Feier auf ihre eigenen religiös geprägten Ressourcen zurückgreifen. Die von ihnen gestalteten Rituale sind deshalb weder religiös neutral noch weniger religiös als kirchliche Feiern. Es wäre meines Erachtens eine Studie wert, zu erforschen, auf welche impliziten und expliziten Werte und religiösen Überzeugungen die aktuellen Ziviltrauungen in der Schweiz aufbauen.

Kein tiefer Graben

Ich bin eine klare Antwort auf die Titelfrage bisher schuldig geblieben. Das liegt einerseits am bereits erläuterten Umstand, dass Menschen, die sich als AtheistInnen oder als Ungläubige bezeichnen, keine homogene Gruppe sind, sondern sich in ihren Überzeugungen und ihrer Lebensführung stark unterscheiden. Andererseits fokussieren diese Bezeichnungen auf einen Mangel, auf das Fehlen von etwas. «Atheismus und Unglaube sind Negativbegriffe, sie besagen nur, dass Menschen nicht an (den 'richtigen') Gott glauben. Aber sie zeigen darüber hinaus nicht, woran die Menschen glauben und wie sie ihr Leben gestalten.» (SM 137)

Klar ist für mich jedenfalls: Der Graben zwischen AtheistInnen und ChristInnen (ja religiösen Menschen überhaupt) ist nicht derart tief, wie die Begriffe und deren landläufiges Verständnis nahelegen. Der Religionspsychologe Sebastian Murken zeigt dies eindrücklich im Rahmen der Auswertung eines Online-Projekts des Bistums Köln. Auf der Internetseite www.ohne-gott.de wurden Menschen eingeladen, ihre Motive für ein Leben ohne Gott und ihre Erfahrungen damit zu schildern. Nach der Auswertung von 1750 Einträgen kommt Sebastian Murken u.a. zum Schluss: «Glaube und Unglaube sind keine einfachen, dichotomen Kategorien, sondern weisen einen verblüffenden Überlappungsbereich auf. Gläubige und Ungläubige gleichermaßen ringen um Konzepte darüber, was die Welt im Innersten zusammenhält, und zweifeln zugleich daran.» (SM 136) Als Sinnbild dafür erinnert Murken an die Ausstellung 'Glaubenssache' im Stapferhaus Lenzburg in den Jahren 2006/07. Die BesucherInnen mussten sich beim Eintritt in die Ausstellung zwischen zwei Türen entscheiden, die mit 'Gläubige' und 'Ungläubige' überschrieben waren. «Interessanterweise und sehr symbolträchtig fanden sich alle Besucher nach Durchschreiten der jeweiligen Tür im selben Raum wieder» und setzten sich mit denselben Themen und Fragen auseinander. (Ebd.) Wie fliessend diese Grenzen sind, kommt in der Schlussdokumentation der Ausstellung zum Ausdruck. Sie hält fest, dass 63,5% der BesucherInnen durch die Türe der Gläubigen in die Ausstellung eingetreten sind, während 36,5% die Türe der Ungläubigen wählten. Anderseits bezeichneten sich im Rahmen der Ausstellung nur 9,1% der BesucherInnen als religionslos. (Siehe L14)

Auch André Comte-Sponville sieht keine feste Grenze zwischen Glaubenden und Nichtglaubenden. Die Grenze «verläuft vielmehr zwischen den freien, offenen, toleranten Geistern auf der einen Seite, ob man nun an Gott glaubt oder nicht. Und auf der anderen Seite sind die dogmatischen, die fanatischen Geister, die es gibt unter Glaubenden wie Nichtglaubenden.» (HH KeC 183)

2.8 Ist Agnostizismus der Verzicht auf Religion?

Manche Menschen bezeichnen sich in ihrem Verhältnis zur Religion als AgnostikerInnen. Sie signalisieren damit nicht Ablehnung, aber Zurückhaltung gegenüber der Religion. Der Begriff ist abgeleitet vom griechischen Wort agnosia (Nichtwissen). VertreterInnen des Agnostizismus lassen «das Wissen um die 'letzten Dinge' bewusst in der Schwebe.» (CMS 236) Insbesondere wenden sie sich «gegen den Anspruch einer Erkennbarkeit Gottes.» (EKL I 62) Das heisst: Weil die Existenz Gottes weder bewiesen noch widerlegt werden kann, lassen AgnostikerInnen diese Frage unbeantwortet. Weder bestreiten sie die Möglichkeit der Existenz eines jenseitigen Wesens, noch bejahen sie diese.

In unserer naturwissenschaftlich geprägten Zeit hat diese Haltung eine starke Anziehungskraft. Dadurch ist der Agnostizismus aber auch zu einer Art Sammelbecken für verschiedene Ausprägungen der Distanzierung von Religion geworden. Die einen verneinen die Erkennbarkeit einer überirdischen Gottheit oder eines höheren Wesens nicht generell, sondern nur für sich selber und den jeweils aktuellen Zeitpunkt. Andere gehen von einer grundsätzlichen Nichterkennbarkeit Gottes für alle Menschen aus. Gewisse AgnostikerInnen tendieren auf Grund der Nichterkennbarkeit Gottes zum Atheismus. Andere können auch ohne das Wissen um die Existenz einer Gottheit trotzdem an einen Gott glauben. Ein prominentes Beispiel dafür ist der Schriftsteller Peter Bichsel mit seiner Aussage: «Mir ist Wurst, ob es einen Gott gibt oder nicht, aber ich glaube an ihn.» (L27) Die Bandbreite reicht also von einem eher atheistischen bis zu einem religiösen Agnostizismus. Agnostizismus muss demnach nicht zwingend den Verzicht auf Religion bedeuten.

Für mich persönlich ist der Agnostizismus keine Alternative zu meinem nicht-theistischen Glaubensverständnis. Vor allem deshalb nicht, weil er – wie der Theismus – unterscheidet zwischen einer diesseitigen und einer jenseitigen Welt. Damit hält er an der Möglichkeit fest, vielleicht doch einmal den Zugang zu dieser überirdischen, jenseitigen Wirklichkeit zu entdecken. Diese Haltung ist mir zu passiv-unentschieden. Ich möchte bezüglich Religion keine 'Stimmenthaltung' üben. Zudem grenzt der Agnostizismus Religion ein auf einen Bezug des diesseitigen Menschen zu einer – wie auch immer vorgestellten – jenseitigen Welt. Dass Religion eine rein auf das Diesseits bezogene Haltung sein kann, hat er nicht im Blick.

Die Vorstellung einer Zweiteilung der Welt in Diesseits und Jenseits wird auch mit den Begriffen Immanenz und Transzendenz bezeichnet. Für mein Verständnis ist Religion nicht angewiesen auf Transzendenz im Sinne einer jenseitigen Wirklichkeit, die über der mit unseren Sinnen erfahrbaren Welt existiert. Dorothe Sölle sagt: «Wenn wir in unserer Immanenz, in dem, was wir erleben und tun, wirklich in die Radikalität der Liebe einsteigen, dann enthält unsere Immanenz die Transzendenz. Dann erscheint in unseren alltäglichen Vollzügen das, was wir 'Gott' nennen.» (DS Gd 249)

Fazit: Religion ist nicht vom Himmel gefallen, sondern Teil der vom Menschen geschaffenen und entwickelten Kultur. In der «Ursuppe der Kultur» war alles irgendwie von Religion durchdrungen. Mit der Ausdifferenzierung der verschiedenen Bereiche der Kultur, wurde Religion zu einem Bereich neben anderen. Sie bleibt aber mit den sich als weltlich verstehenden Kulturbereichen vielfach verwoben. Dies und die unterschiedlichen Ausprägungen, die sie im Lauf der Geschichte erfahren hat, erschweren eine klare Definition. Trotzdem ist es immer wieder wichtig, zu klären, wovon wir sprechen, wenn wir über Religion fruchtbar diskutieren wollen. Dazu gehört, sich bewusst zu machen, ob ein inhaltliches oder funktionales Religionsverständnis hinter den eigenen Aussagen steht.

Selber bevorzuge ich einen eher weit gefassten Religionsbegriff im Sinne eines funktionalen Religionsverständnisses. Dies ermöglicht, was als Rückzug der Religion beklagt (oder begrüsst) wird, als Wandel zu sehen. Was sich verändert sind die Ausdrucksformen und die institutionelle Ausgestaltung von Religion. Die Menschheit geht nicht einem post-religiösen, sondern einem post-religionalen Zeitalter entgegen.

Die sich vollziehende Individualisierung von Religion sollte nicht als Privatisierung missverstanden werden. Denn Religion betrifft den Menschen immer in seinem Kern und in seiner Ganzheit und deshalb auch in seinem Tun und Lassen in der Gesellschaft.

Die Auseinandersetzung mit Lebens- und Glaubensfragen verbindet Menschen, die sich als gläubig verstehen mit solchen, die sich als AtheistInnen definieren. Ob man dabei von Religiosität oder Spiritualität sprechen oder diese Begriffe vermeiden will, spielt letztlich keine Rolle.

Die VertreterInnen des Agnostizismus lassen die Frage der Existenz eines Gottes oder höheren Wesens bewusst offen. Dabei gehen sie von einer Zweiteilung der Welt in ein Diesseits und Jenseits aus. Dies verhindert den Blick darauf, dass Religion auch eine rein auf das Diesseits bezogene Haltung sein kann.

3. Und was ist mit der Kirche?

Die nicht-theistische Deutung der Glaubensbegriffe im ersten Teil hat Konsequenzen für die Gestaltung der kirchlichen Praxis. Ich will diese in den folgenden Kapiteln grob skizzieren. Dabei geht es mir nicht darum, die Kirche neu zu erfinden. Denn was im vorhergehenden Kapitel zum Übergang ins post-religionale Zeitalter gesagt wurde, gilt insbesondere für das westeuropäische Christentum. Es ist deshalb nicht die Zeit für grosse strategische Entwürfe. Es ist die Zeit der Bescheidenheit. Und die Zeit, die Inhalte der Verkündigung zu revidieren. Zu fragen: Was wollen wir noch sagen? Es genügt nicht mehr, das schon immer Gesagte bloss mit neuen Worten zu wiederholen. Und vor allem ist es Zeit, den Schwerpunkt weg vom Reden aufs Tun zu verlegen.

3.1 Kirche – nicht Gott, sondern dem Leben dienen

In vielen europäischen Ländern haben die Kirchen in den vergangenen Jahrzehnten grosse Mitgliederverluste hinnehmen müssen. In der Schweiz gehörten im Jahr 1950 noch 99% der Bevölkerung einer christlichen Konfession an. Im Jahr 2018 waren es 64%, also ein gutes Drittel weniger. Im gleichen Zeitraum stieg die Anzahl der EinwohnerInnen ohne Konfessionszugehörigkeit von praktisch null auf 28%. (Quelle: Bundesamt für Statistik)

Über die Gründe der zunehmenden Kirchenaustritte ist viel spekuliert und geschrieben worden. Oft wird gesagt, die Austretenden wollten sich bloss die Kirchensteuern sparen. Eine der wichtigeren schweizerischen Untersuchungen der letzten Zeit zur Erhebung der Austrittsgründe, die Ökumenische Basler Kirchenstudie von 1998,

kommt zu einem differenzierteren Ergebnis. Als die drei wichtigsten Austrittsgründe nennt sie:
- Austritt aus Enttäuschung
- Austritt wegen den Kirchensteuern
- Austritt, da die Kirche als rückständig erfahren wird

(Quelle: MBAG)

Das Vermeiden der Kirchensteuern ist also nicht der hauptsächliche Austrittsgrund. Und oft liegt darin nur der unmittelbar ausschlaggebende Anlass für den Austritt. Das heisst, er steht am Ende eines zunehmenden Entfremdungsprozesses. Entscheidend mitbestimmt wird dieser Prozess dadurch, dass die traditionellen kirchlichen Glaubenswahrheiten (siehe Kap. 1) für viele ZeitgenossInnen keinen Lebensbezug und keine Relevanz mehr haben. Das gilt ebenso für den Grossteil derer, die (noch) Kirchenmitglieder sind, aber am kirchlichen Leben nicht mehr teilnehmen – oder höchstens dann noch, wenn ihr Patenkind getauft wird, jemand aus der Verwandtschaft heiratet oder ein Angehöriger kirchlich bestattet wird.

Im Festhalten der Kirche an den traditionellen Glaubenswahrheiten sehe ich einen der hauptsächlichen Gründe dafür, dass sich in den vergangenen Jahrzehnten der Grossteil der Bevölkerung äusserlich oder innerlich von der Kirche als Trägerin des christlichen Glaubens distanziert hat. Helmut Fischer sagt es so: «Die Mehrheit der Zeitgenossen sieht sich allein durch die konventionelle Art, von Gott zu sprechen, aus der Gemeinschaft der Glaubenden ausgeschlossen.» (HF ChG 14)

Ich spreche ausdrücklich von **einem** der Hauptgründe. Es ist mir durchaus bewusst, dass die beschriebene Entwicklung noch andere Ursachen hat, insbesondere den gesellschaftlichen Trend der Individualisierung. Dieser bestimmt alle Lebensbereiche und damit auch unseren Umgang mit Religion. Individualisierung beinhaltet sowohl den Zwang, als auch die Freiheit zu individuellen Entscheidungen. Ob ich will oder nicht - die zunehmenden Angebote und Möglichkeiten nötigen mich zur Entscheidung für dies oder jenes. Anderseits steigern sie mein Bedürfnis nach Freiheit und verstärken den Wunsch, auswählen und selbstbestimmt entscheiden zu können. Auch in religiöser Hinsicht muss ich mich nicht mehr mit traditioneller 'Einheitskost' zufriedengeben, sondern kann mich auf dem Markt der Religionen für dies oder jenes entscheiden.

Dem traditionellen kirchlichen Leben treu blieb einerseits eine Minderheit, die mit den überlieferten Glaubenswahrheiten nach wie vor gut leben kann. Anderseits eine noch kleinere Minderheit, welche die Hoffnung auf eine Öffnung der Kirche noch nicht aufgegeben hat. Bleibt diese Öffnung aus, wird der Mitgliederschwund weitergehen. John Shelby Spong zeigt sich gar überzeugt: «Wenn die Kirche kein anderes Ziel hat, als die Menschen auf diesen überweltlichen Gott hinzuweisen, dann werden die Kirchen ... aus unserer Landschaft verschwinden.» (JSP Wsi 210)

Allerdings ist die Zukunft der Kirche mit einer Öffnung in Richtung nicht-theistisches Gottesverständnis und einem Überbordwerfen überkommener Glaubenswahrheiten keineswegs gesichert. Denn es könnte schon zu spät und der Entfremdungsprozess zu weit fortgeschritten sein, als dass sich die distanzierten oder abgewanderten Mitglieder wieder zurückgewinnen lassen. Zudem stellt sich die grundsätzliche Frage: Ist das, was Kirche ausmacht, nicht untrennbar mit einem theistischen Gottesbild verbunden? Ist überhaupt eine Kontinuität vorstellbar zwischen der Kirche von gestern, für die eine theistische Gottesvorstellung zentral ist und einer Kirche von morgen, welche die traditionellen christlichen Glaubensbegriffe (auch) nicht-theistisch deuten will?

Kontinuität durch die Botschaft Jesu
Zunächst: Ich plädiere nicht dafür, das theistische Gottesbild aus der Kirche zu verbannen. Mein Anliegen ist vielmehr, dass auch Menschen, die mit diesem Gottesbild nichts mehr anfangen können, in der Kirche wahrgenommen und theologisch wie liturgisch

ernstgenommen werden. Zudem: Es braucht kein Gottesverständnis, weder ein theistisches noch irgendein anderes, um die Kontinuität zwischen der Kirche von gestern und der Kirche von morgen herzustellen. Diese Kontinuität ist einerseits gegeben durch die zentrale Stellung des Jesus von Nazareth, seiner Botschaft und seines Handelns, anderseits durch die bleibende Bedeutung der Bibel, auch wenn sie nicht mehr als Wort Gottes verstanden wird. Und schliesslich können wichtige Elemente der christlichen Tradition durchaus weiterhin Platz finden in einer Kirche von morgen. Dies allerdings nicht mehr zwingend als zu glaubende Wahrheiten, die zu einer Trennung führen zwischen Gläubigen und Ungläubigen, sondern als lebensdienliche *Ressourcen*.

Ich verdanke diesen Zugang zur christlichen Tradition als Ressource dem Philosophen François Jullien. In seinem Essay «Ressourcen des Christentums. Zugänglich auch ohne Glaubensbekenntnis» (Gütersloher Verlagshaus 2019) nähert er sich dem Christentum nicht auf der Ebene des Glaubens, sondern seines möglichen existentiellen Nutzens für die Gegenwart. Das Christentum und seine Texte sollen nicht im Hinblick auf ihre Wahrheit, sondern auf ihren Sinn beurteilt werden. Der Zugang zu dieser Ressource steht allen offen, ohne (Vor-)Bedingung des Glaubens. Ressourcen sind auch nicht Werte, die sich mit anderen Werten konkurrenzieren können. Sie «brauchen daher auch nicht angepriesen und gepredigt zu werden, sie bieten sich dem an, der sie zu entfalten weiss.» (FJ 27)

Kirche als Weg- und Dienstgemeinschaft
Man mag nun die Frage einwerfen, ob es dafür die Kirche noch brauche. Ob nicht einfach jede und jeder nach individuellem Gutdünken und auf eigene Faust die christliche Tradition als Ressource für die persönliche Lebensgestaltung nutzen könne. Faktisch geschieht dies ja bereits, indem distanzierte Mitglieder und Ausgetretene – bewusst oder unbewusst – einzelne für sie brauchbare Elemente der christlichen Tradition in ihren Lebensvollzug

eingefügt haben, ohne sich auf diese in ihrer ganzen Breite einzulassen.

Den einen mag dies genügen. Sie leben ihre Religiosität für sich allein. Anderen jedoch wird es zu wenig sein. Genauso wie die einen gerne alleine in der Natur unterwegs sind und andere sich in Wandergruppen zusammenschliessen. Der Mensch ist ein soziales Wesen und hat das Bedürfnis, was ihn innerlich erfüllt und was er gerne tut mit anderen zu teilen.

Dazu kommt, dass der Impuls Jesu das Entstehen von Gemeinschaft fördert. «Es ist zum einen die Gemeinschaft derer, die auf dem gleichen Weg sind, und es ist zum anderen die Gemeinschaft hin zu denen, die etwas von der neuen Lebensmöglichkeit aus der Kraft bedingungsloser Liebe erfahren sollen.» (HF ChG 157) Nächstenliebe führt, etwas salopp gesagt, automatisch zu menschlicher Gemeinschaft. Gewiss: Jesus wollte nicht eine Kirche gründen (genauso wenig wie eine Religion stiften). Aber das Entstehen von Gemeinschaft ist durchaus im Sinn seines Wirkens. Einerseits als *Weggemeinschaft*, das heisst als Gemeinschaft derer, die ihren Lebensentwurf in seinem Sinn reflektieren und sich für dessen Umsetzung stärken wollen. Anderseits als *Dienstgemeinschaft*, das heisst als Gemeinschaft, die Solidarität lebt und schafft mit den Schwachen und den von der Gesellschaft Vergessenen.

In der theologischen Tradition werden die Aufgaben der Kirche oft mit dem Dreiklang Kerygma (Verkündigung), Diakonia (Dienst) und Koinonia (Gemeinschaft) beschrieben. Diese Begriffe lassen sich gut mit den beiden oben beschriebenen Gemeinschaftsformen verbinden: Weggemeinschaft als Verbindung von Verkündigung und Gemeinschaft sowie Dienstgemeinschaft als Verbindung von Dienst und Gemeinschaft. (Siehe Kap. 3.2 und 3.3)

Der Begriff Kirche ist heute für viele ambivalent oder gar negativ besetzt. Kirche wird als rückständig betrachtet, als unpersönliche Institution, als bevormundende Amtskirche oder als intransparenter Machtapparat. In Theologenkreisen kursiert das Bonmot: Jesus predigte das Reich Gottes und gekommen ist die Kirche. Für manche lautet deshalb die Devise: Jesus ja, Kirche nein. Dorothee Sölle erachtet diese Haltung als oberflächlich. Denn «Jesusnachfolge ... hat sich von Anfang an in Gemeinschaft vollzogen.» (DS Gd 180) Und es sei nach wie vor notwendig, sich «miteinander und nicht als blosse Individuen auf den Weg des Reiches Gottes zu machen.» (Ebd.) Kirche bedürfe deshalb auch der «Institution – im Raum und mit Räumen, in Zeit und mit vereinbarten Zeiten ... und notwendiger Aufgabenteilung.» (Ebd.) Sie müsse sich aber immer an ihrem bleibenden Kriterium messen (lassen) – dem Reich Gottes. Für John Shelby Spong ist dies ebenfalls unabdingbar. Für die Kirche heisse das, «nicht ... ihre Wahrheit jemandem aufzuzwingen, sondern so für das Reich Gottes in jedem Bereich zu arbeiten, dass das Leben bereichert, die Liebe ausgedehnt und das Sein jedes Lebewesens gestärkt wird.» (JSP Wda 265)

Fazit: Die Kirche erlebt in vielen Ländern Europas einen drastischen Mitgliederschwund. Dieser liegt zu einem grossen Teil darin begründet, dass die kirchliche Verkündigung weitgehend an einem theistischen Gottesbild und an mit diesem verbundenen unveränderlichen Glaubenswahrheiten festhält. So ignoriert sie das Weltverständnis einer grossen Zahl heutiger Menschen. Diese werden dadurch aus der kirchlichen Gemeinschaft ausgegrenzt oder distanzieren sich selber – innerlich oder äusserlich. Wenn die Kirche ihre symbiotische Verbindung mit diesem theistischen Gottesverständnis beendet, und wenn sie die christliche Tradition als Ressource ohne Glaubenszwang weiterträgt, kann sie auch in Zukunft als Weggemeinschaft und Dienstgemeinschaft in unserer Gesellschaft bestehen.

3.2 Verkündigung – vom Monolog zum Dialog

Im Kanton Bern gehen die Leute sonntags nicht in den Gottesdienst, sondern 'z Predig'. Diese Redeweise zeigt symptomatisch die Überbetonung der Verkündigung in der reformierten Kirche. Zugleich steht sie für die Reduzierung der Kirche (nicht nur der reformierten) auf das Predigen. «Kirche wird angesehen als der Ort, wo gepredigt wird.» (DS Gd 188) Das heisst, nicht nur die Predigt im Sonntagsgottesdienst, sondern auch andere Verlautbarungen der Kirche werden als 'Predigt' wahrgenommen.

Bei vielen Zeitgenossen weckt der Begriff 'predigen' zwiespältige Gefühle. Im Alltagsgebrauch hat er oft einen negativen Beigeschmack. 'Nun predigst du schon wieder!' sagen wir entweder belustigt oder verärgert, wenn unser Gegenüber mahnende Worte an uns richtet. Auch die Wortverbindungen 'Moralpredigt' oder 'Strafpredigt' wecken keine positiven Assoziationen. Der Begriff 'predigen' steht für die Anmassung, jemand anderem vorzuschreiben, was er zu tun und wie er zu leben hat. Erst recht Empörung weckt, wer anderen Wasser predigt und selber Wein trinkt.

Gewiss tritt ein Grossteil der heutigen PredigerInnen nicht mehr mit dem Anspruch auf, der versammelten Gemeinde irgendetwas vorschreiben zu wollen. Viele Pfarrerinnen und Pfarrer steigen zum Predigen bewusst nicht mehr auf die Kanzel, um den Eindruck autoritären Sprechens zu vermeiden. Andere verzichten auf den Talar um zu zeigen: Ich bin eine/r von euch. Doch das Setting ist mächtiger: Eine/r spricht, alle anderen hören zu. «Gottesdiensterfahrung bedeutet, einer autoritären Kommunikationsstruktur auf Gedeih und Verderb ausgeliefert zu sein.» (DS Gd 193) Mag Dorothee Sölle hier etwas zugespitzt formulieren: Allein das Setting erweckt den Eindruck, die predigende Person wisse, wie christlicher Glaube geht. Verstärkt wird dieser Eindruck, wenn die PredigerInnen ihn durch die Art und Weise ihres Predigens zusätzlich unterstützen. Dass diejenigen Gemeindeglieder, die (noch) in den Gottesdienst kommen sich an diese Form gewöhnt und keine

Schwierigkeiten damit haben, ändert an der Feststellung von Dorothee Sölle nichts. Ebenso wenig der Verweis darauf, durch Gesang und Gebet sei die Gemeinde an der Verkündigung beteiligt. Denn auch diese Elemente sind von der Pfarrperson ausgewählt und deshalb letztlich Teil des gottesdienstlichen Monologs.

Fatale Fixierung auf den Sonntagsgottesdienst

Für die grosse Mehrheit der Kirchenmitglieder hat der Sonntagsgottesdienst keine Lebensbedeutung mehr. Der seit Jahrzehnten rückläufige Gottesdienstbesuch ist – neben den Kirchenaustritten – Ausdruck der Relevanzkrise der traditionellen kirchlichen Verkündigung. Die meisten Gottesdienste und Predigten sind von einem theistischen Gottesbild geprägt. Da der grossen Mehrheit der Zeitgenossen ein solches Gottesbild fremd geworden ist, bleiben diese Predigten für sie ohne Bedeutung.

Gewiss haben äussere Gründe, unter anderem das veränderte Freizeitverhalten am Wochenende, ihren Teil zur Abnahme des Gottesdienstbesuchs beigetragen. Aber auch das heisst nichts anderes, als dass der Sonntagsbrunch oder der Familienausflug als bedeutsamer und lebensnäher eingestuft werden als die Teilnahme am Gottesdienst.

Dieser Entwicklung zum Trotz halten die Kirchen mehrheitlich an der Vorstellung fest, der Sonntagsgottesdienst sei der Dreh- und Angelpunkt des Lebens einer Kirchgemeinde. Mehr noch: An seinem Besuch lasse sich der Grad der Lebendigkeit des kirchlichen Lebens ablesen. Diese Vorstellung herrscht innerhalb, wie ausserhalb der Kirche.

Regelmässige Kirchgänger – von dieser Vorstellung geprägt – beklagen immer wieder den Umstand, dass sie sich meist nur als kleine Schar im Gottesdienst vorfinden. Pfarrerinnen und Pfarrer versuchen sie (und sich selber) darüber hinwegzutrösten: Es komme nicht auf die Zahl an. Dabei verweisen sie auf das Jesuswort: «Wo zwei oder drei in meinem Namen versammelt sind, da

bin ich mitten unter ihnen.» (Matth. 18,20) Auch Kirchgemeinde-
räte erwarten von ihren Pfarrerinnen und Pfarrern, ob ausgesprochen oder nicht, dass sie den Gottesdienstbesuch ankurbeln.

Die Aussenperspektive auf die Kirche ist oft genauso auf den
Gottesdienst fixiert: Wenn in den Medien der gesellschaftliche
Stellenwert der Kirche thematisiert wird, ist stets von den leeren
Kirchenbänken am Sonntag die Rede. Dass Kirche auch ausserhalb
des Gottesdienstes stattfindet – als Erwachsenenbildung, Seelsorge, in diakonischen Projekten u.a.m. – bleibt allzu oft uner-
wähnt.

Kirche scheint zu stehen und zu fallen mit dem Sonntagsgottesdienst. Und mit der Vorstellung, dieser stelle das Zentrum des
kirchlichen Lebens dar. (Eine Vorstellung, die auch in der – zwar
schalkhaft vorgebrachten, aber doch halbwegs ernst gemeinten –
Frage zum Ausdruck kommt, was die Pfarrerin oder der Pfarrer am
Werktag denn eigentlich tue.) Zur traditionellen Gottesdienstzent-
riertheit leisten auch die Kirchenordnungen der Schweizer Kantonalkirchen ihren Beitrag, indem sie die Kirchgemeinden zur regelmässigen Durchführung von Sonntagsgottesdiensten verpflichten.

Neue Gottesdienstformen
Auf den Rückgang des Gottesdienstbesuchs haben die Kirchen bisher vor allem auf der formalen Ebene reagiert. Sie setzen die Gottesdienste am Sonntagmorgen etwas später an oder verschieben sie
teilweise auf den Sonntagabend. Sie haben Gottesdienst-Experi-
mente gestartet und neue Gottesdienstformen entwickelt: Famili-
engottesdienste, Gottesdienste mit spezieller Musik, liturgische
Gottesdienste ohne Predigt, Salz&Pfeffer-Gottesdienste, Twitter-
Gottesdienste, Gottesdienste mit anschliessendem Predigtgespräch
u.a.m. Sie laden ein zum Apéro oder Kirchenkaffee nach dem Gottesdienst, um das gemeinschaftliche Element stärker zum Ausdruck zu bringen.

Das sind durchaus Schritte in die richtige Richtung. Die Kirchen tun gut daran, diesen Weg weiterhin zu gehen – mit Kreati-

vität und Mut zur Neuerung. Und sich nicht aufhalten zu lassen von denjenigen Stimmen, die dies als gottesdienstlichen Wildwuchs kritisieren und beklagen, dass der reformierte Gottesdienst nicht mehr als solcher erkennbar sei. Was nützt ein erkennbar reformierter Gottesdienst, wenn kaum mehr jemand daran teilnimmt?

Die neuen Gottesdienstformen müssen sich jedoch messen lassen am Kriterium, das Helmut Fischer so beschreibt: «Kirche wird das, was christlicher Glaube unserer Welt und Gesellschaft geben kann, nur entfalten können, wenn sie sich als eine offene Dialog-Gemeinschaft gleichwertiger Partner versteht.» (HF ChG 162) Auf den Gottesdienst bezogen heisst das: Ein Dialog ist erst dann ein wirklicher Dialog, wenn sich die Dialogpartner auf der gleichen Ebene begegnen. Dies ist nur möglich, wenn der Gottesdienst theologisch neu verstanden wird.

Die traditionelle theistische Theologie beschreibt den Gottesdienst in Sätzen wie: «An jedem Sonntagmorgen suchen Christinnen und Christen ... die Kirche auf, um gemeinsam Gott zu ehren und sein Wort zu hören. ... Der Gottesdienst ist nicht nur Begegnungsort der Gläubigen, sondern auch der Ort, an dem Gott die Gemeinde trifft.» (L 15)

Es liegt nahe, dass bei einem nicht-theistischen Verständnis des christlichen Glaubens diese Sätze keinen Sinn mehr machen. Dem Gottesdienst muss eine grundsätzlich neue Bedeutung zugeschrieben werden. Denn es geschieht keine Begegnung des Menschen mit einem personalen, überirdischen Gott, sondern Menschen begegnen Menschen. Menschen reflektieren ihre Lebensgestaltung im Dialog miteinander und mit der Botschaft Jesu und stärken sich für deren Umsetzung. Wie dies im 21. Jahrhundert geschehen soll, kann nicht durch eine historisch entstandene Liturgie verbindlich vorgegeben werden. Sie kann wohl als Ressource dienen, muss aber immer wieder den Bedürfnissen der jeweils Beteiligten angepasst werden.

In einer solchen Feier werden die Teilnehmenden nicht mehr als «Adressaten der im Glauben anzunehmenden biblischen (Heils-) Botschaft» behandelt, sondern als «souveräne Subjekte ihrer religiösen Selbstdeutung» wahrgenommen.» (WG 17) Das klingt etwas kompliziert, heisst aber nichts anderes, als dass den Teilnehmenden weder explizit noch implizit gesagt wird, was eigentlich zu glauben wäre. Es sind keine Schafe da, die einen Hirten brauchen, sondern unterschiedliche, religiös mündige Individuen. Menschen, die frei und im Stande sind, in der Auseinandersetzung mit den Ressourcen der christlichen Tradition und dem Dialog mit ihren Mitmenschen ihre eigene Glaubensüberzeugung zu finden.

John Shelby Spong beschreibt seine Vision eines Gottesdienstes der Kirche von morgen so: «Diese Gemeinschaft wird, so glaube ich, sich weiterhin regelmässig treffen, um sich daran zu erinnern und auch zu feiern, was sie sind, was es bedeutet, Mensch zu sein und wie sie Agenten des Lebens sein können.» (JSP Wda 240) In Aufnahme dieser Gedanken könnte man den Charakter eines solchen Gottesdienstes mit folgendem Dreiklang beschreiben: Erinnern – Feiern – Mut fassen.

Nach wie vor bietet diese Feier Raum für Formen der Spiritualität und für Rituale. Sie drehen sich jedoch weder um die Kommunikation mit einem jenseitigen göttlichen Wesen noch um dessen Verehrung, sondern bleiben bezogen auf uns menschliche Wesen und unsere diesseitige Welt. Deshalb muss für diese Feiern ein neuer, weniger missverständlicher Name gesucht werden.

Ob Menschen, die sich von der Kirche distanziert haben, sich mit solchen Feiern wieder ansprechen lassen ist ungewiss. Ich bin jedoch überzeugt, dass die Kirchen diesen Weg gehen müssen. Das heisst, dass sie neben den traditionellen theistischen Gottesdiensten bewusst, explizit und offiziell auch nicht-theistische Feiern anbieten.

Vor allem aber sollte sich die Kirche von einer Kirche der Verkündigung zu einer Kirche der Diakonie wandeln. (Siehe Kap. 3.3)

Sackgasse Religionsunterricht

Die Maxime, Menschen als souveräne Subjekte ihrer religiösen Selbstdeutung anzusprechen, gilt übrigens nicht nur für den Gottesdienst. Sie gilt ebenso für andere, traditionell der Verkündigung zugeordnete Handlungsfelder – vom konfessionellen oder ökumenischen Religionsunterricht über die Angebote der Erwachsenenbildung bis zur Seelsorge. Letztere sehe ich selber allerdings weniger als Teil der Verkündigung, sondern der Diakonie.

Insbesondere der Religionsunterricht behandelt den christlichen Glauben nach wie vor hauptsächlich als Glaubenslehre. Bereits die Kirchenordnungen stellen die Weichen hier falsch. So werden beispielsweise in der Kirchenordnung des Evangelisch-reformierten Synodalverbandes Bern-Jura-Solothurn die Artikel zum Unterricht unter die Überschrift 'Weitergabe des Glaubens' gestellt und mit folgenden Worten eingeleitet: «Die christliche Gemeinde hat den Auftrag, den Glauben, den sie empfangen hat, den nachfolgenden Generationen weiterzugeben.» (Art. 55) Christlicher Glaube kann jedoch nicht (oder mindestens heute nicht mehr) durch Unterricht weitergegeben werden. Auch mit neuen und zeitgemässen Unterrichtsformen nicht.

Das zeigt sich schon nur am Erfolg dieses Unterrichts. Gewiss hat kirchlicher Unterricht nicht als Hauptziel die Nachwuchssicherung, wie beispielsweise die Juniorenabteilung eines Fussballklubs. Wenn aber annähernd 100% der Jugendlichen nach abgeschlossenem Unterricht und allenfalls gefeierter Konfirmation sich von der Kirche und dem christlichen Glauben distanzieren, in dem sie jahrelang unterrichtet wurden, dann sollte diese Kirche über die Bücher und ihr Konzept der 'Weitergabe des Glaubens' grundsätzlich in Frage stellen.

Zudem legen Unterricht und kirchliche Kinderarbeit den Grundstein für die theistische Monokultur in der Kirche. Das hängt meiner Erfahrung nach damit zusammen, dass viele Katechetinnen und freiwillige Mitarbeiterinnen der kirchlichen Kinderangebote der theologisch traditionell orientierten Kerngemeinde entstammen oder freikirchlich geprägt oder gar beheimatet sind. Die Kinder begegnen auf der Primarstufe einem Gottesbild, das sie später als Jugendliche (verständlicherweise) in Frage stellen. Diese Fragen können im Unterricht der Oberstufe oder im Konfirmandenunterricht zwar aufgenommen und diskutiert werden. Vertreten die Unterrichtenden aber auch auf dieser Stufe ein theistisches Gottesverständnis, verbauen sie den Jugendlichen die Möglichkeit, ein alternatives Gottesverständnis zu entwickeln, das sie als vereinbar mit dem christlichen Glauben betrachten können. So werden die meisten Jugendlichen mit einem ihnen fragwürdig gewordenen kindlichen Gottesbild konfirmiert. Oder einem, das sie als nicht konform mit der christlichen Tradition betrachten müssen. Immer wieder bin ich erwachsenen Gemeindegliedern begegnet, die sich mit einem für sie nicht mehr plausiblen Gottesverständnis, aber auch anderen traditionellen Glaubensvorstellungen herumschlugen – oder sie beiseitegeschoben hatten und damit auch ihr Interesse am christlichen Glauben.

Der kirchliche Unterricht braucht dringend Erneuerung. Ich kann dazu an dieser Stelle nur einige kurze Impulse geben:

- Die kirchliche Arbeit mit Kindern und Jugendlichen sollte nicht mehr in Form von Unterricht durchgeführt werden. Der christliche Glaube ist kein Gegenstand des Lehrens und Lernens. Erst recht nicht in Gestalt der von mir in Kap. 1 in Frage gestellten traditionellen Glaubenswahrheiten.
- Kirchliche Angebote für Kinder und Jugendliche sollten grundsätzlich freiwillig sein. Das heisst, sie sollten nicht mehr mit der Konfirmation verknüpft werden bzw. als Vorbedingung der Konfirmation gelten, wie es in den meisten Kantonalkirchen der Fall ist. Denn damit erhalten sie quasi obligatorischen Charakter.
- Die kirchlichen Angebote für Kinder sollten nicht, wie dies gegenwärtig geschieht, mehrheitlich auf der Verkündigungsebene, sondern vermehrt auf der diakonischen Ebene stattfinden. Insbesondere sollte der biblische Stoff zurückhaltender eingesetzt und

biblische Geschichten nicht mehr als Wort Gottes behandelt werden. – Er habe genug von Gott und Jesus, es sei ja immer dasselbe, sagte mir ein Konfirmand einmal. – Dazu kommt, dass die Bibel kein Kinderbuch ist. Gewiss gibt es eine Anzahl Geschichten in diesem «Tagebuch der Menschheit», die für Kinder und Jugendliche einen Lebensbezug haben. Diese können weiterhin erzählt werden – wie andere gute Geschichten auch. Sie sollten jedoch nicht mehr auf die Funktion als 'Transportmittel' der traditionellen christlichen Glaubenswahrheiten reduziert werden, wie dies durch die Zuordnung zu einem Lehrplanziel geschieht.

- Die theologische Verknüpfung von Taufe und Konfirmation sollte aufgegeben werden. Die Deutung der Konfirmation als nachgeholtes Taufbekenntnis und Bestätigung der Taufe ist überholt. Sie hat mit der Lebenswelt und der Bedeutung, die sie für die KonfirmandInnen hat, nichts zu tun. (Zur Konfirmation siehe auch Kap. 3.5.2)

Fazit: Einer der Hauptgründe für den Rückgang des Gottesdienstbesuches liegt darin, dass Gottesdienste und Predigten mit einem theistischen Gottesverständnis für die Mehrheit der Zeitgenossen keine Lebensbedeutung mehr haben und deshalb zu ihrer Lebensbewältigung keinen Beitrag mehr leisten können. Auf Grund der monologischen Form der (Predigt-)Gottesdienste können die Teilnehmenden auf das Gottesdienstgeschehen nicht aktiv Einfluss nehmen, sondern dieses nur entsprechend den Vorgaben vollziehen. Die Kirchen sollten wohl neue Gottesdienstformen entwickeln, aber insbesondere offiziell zu Feiern einladen, die von einem nicht-theistischen Gottesverständnis ausgehen und in denen die Teilnehmenden als souveräne Subjekte ihrer religiösen Selbstdeutung wahrgenommen werden.

3.3 Diakonie – gelebte Nächstenliebe

«Jesus hat seine Botschaft von der Liebe ... nicht in Gestalt von Dogmen und Heilslehren vorgetragen, sondern hat diese Liebe selbst gelebt.» (HF A 156) Gelebte Nächstenliebe – damit beschreibt Helmut Fischer kurz und knapp, worum es der Kirche in all ihren diakonischen Tätigkeiten geht. Von aussen betrachtet und in weltlicher Sprache würde man es das soziale Engagement der Kirche nennen. Der Begriff Diakonie ist abgeleitet vom griechischen Wort diakonia bzw. dem Verb diakonein, das (be-)dienen bedeutet, ursprünglich das Bedienen bei Tisch. «Ich bin mitten unter euch als einer, der bedient» sagt Jesus gemäss dem Evangelisten Lukas zu seinen Jüngern (Luk. 22,27).

Jesu Wirken war im Kern ein Tun, nicht ein Reden. Und auch seine Worte waren – frei von einengenden Dogmen und spekulativen Heilslehren – unmissverständlich aufs Tun ausgerichtet. Beispielhaft dafür steht das Gleichnis vom Barmherzigen Samariter, dessen Nachgespräch mit den Worten Jesu an den Gesetzeslehrer endet: «Geh auch du und handle ebenso.» (Luk. 10,37)

Die verbreitete Charakterisierung Jesu als 'Wanderprediger' zielt deshalb am Kern seines Wirkens vorbei. Vielleicht hat die Überbetonung der Verkündigung in der Kirche in diesem verzerrten Jesusbild als Prediger eine ihrer Wurzeln.

Was in der Person Jesu untrennbar verbunden war – Wort und Tat – hat die kirchliche Tradition fatalerweise auseinanderdividiert: Zuerst der Glaube, dann die Werke. Es gilt nicht mehr, «dass der Glaube sich in den Taten eines Menschen ereignet.» (HO 363) Der (richtige) Glaube ist die Hauptsache, denn in ihm liegt das Heil. Die Werke folgen dann – hoffentlich – als Früchte des Glaubens. Dorothee Sölle stellt kritisch fest: «Die Anwendung des Glaubens aufs Leben wird als ein zweiter Schritt verstanden.» (DS Gd 192) Auch wenn im Lauf der Geschichte des Christentums immer wieder einzelne Personen und Gemeinschaften den Dienst am Nächsten, die Diakonie ins Zentrum ihres Glaubens rückten, die

Überbetonung der Verkündigung – wie im vorhergehenden Kapitel gezeigt – prägte und prägt die Kirche bis in die heutige Zeit.

In den reformierten Kirchen der Schweiz äussert sich dies beispielsweise darin, dass der Verkündigungsauftrag mit der Anstellung einer Pfarrperson in praktisch jeder Kirchgemeinde sichergestellt wird. (Zu diesem Auftrag zählen traditionell Gottesdienst, Unterricht und Seelsorge.) Diakonische Stellen jedoch gibt es erst seit jüngerer Zeit und nur in den grösseren Kirchgemeinden.

Die Verkennung der Bedeutung der Diakonie zeigt sich auch darin, dass DiakonInnen manchmal sehr interessiert daran sind, an den (pfarramtlichen) Verkündigungsaufgaben teilzuhaben. Nur diakonische Aufgaben zu erfüllen, empfinden viele als minderwertig. Es ist – mindestens den reformierten Kirchen in der Schweiz – in den vergangenen Jahrzehnten nicht gelungen, ein eigenständiges berufliches Profil für die Diakonie zu schaffen. Ein Profil, das nicht mit der Verkündigung liebäugelt.

So wird die Diakonie immer wieder unter ihrem Wert gehandelt. Oder es wird gar verkannt, dass sie eine genuine Aufgabe der Kirche ist: Die öffentliche Hand sei zuständig für soziale Aufgaben und könne diese genauso gut erfüllen. Dafür brauche es die Kirche nicht.

Kirche für andere
Zwar gab und gibt es immer wieder Zeiten, wo die Kirche pionierhaft diakonische Aufgaben in der Gesellschaft anpackt(e). In der Vergangenheit waren dies Armen- und Waisenhäuser, Spitäler, Krankenpflegevereine u.a.m. Kirchlicher Initiative entsprungen, ist manch eine Institution heute Teil des Sozialstaates geworden. In jüngerer Zeit leisteten viele Kirchgemeinden in der Drogenarbeit Grosses und nehmen bis heute in manchen Städten die Verantwortung für die Gassenarbeit wahr. Auch in der Flüchtlingsarbeit engagierten und exponierten sich zahlreiche Kirchgemeinden mit Freizeit- und Integrationsangeboten für Asylsuchende. Als

Teil der diakonischen Arbeit gewann die Seniorenarbeit mit Mittagstischen oder anderen Begegnungsangeboten in jüngerer Zeit an Bedeutung.

In manchen Kirchgemeinden, so scheint mir, ist inzwischen das Bewusstsein dafür gewachsen, dass diakonische Arbeit ein starkes Zeichen glaubwürdigen christlichen Engagements darstellt. In einer Zeit, in der Worte, Erklärungen und Stellungnahmen Hochkonjunktur haben, liegt im Handeln eine nicht zu unterschätzende Glaubwürdigkeit. Dazu kommt, dass es unterschiedlichen Konfessionen und Glaubensgemeinschaften leichter fällt, sich in einer diakonischen Aufgabe ökumenisch zu engagieren, als im Bereich der Verkündigung – angesichts der oft unterschiedlichen theologischen und gottesdienstlichen Traditionen.

Diakonie ist für die Kirche kein 'nice to have', sondern ein 'must have'. Treffend hat meines Erachtens der Theologe Dietrich Bonhoeffer die Unverzichtbarkeit der Diakonie in Worte gefasst mit seiner These: «Die Kirche ist nur Kirche, wenn sie für andere da ist.» (DB 205)

Es ist kein Zufall, dass die Befreiungstheologie in den Ländern des Südens die Bedeutung der Diakonie oft schärfer erkannte als andere theologische Richtungen. Dorothee Sölle schreibt dazu: «Viele Basistheologinnen in der Dritten Welt ... sehen ihre Aufgabe eher darin, sich um die Wasserleitung in ihrer Gemeinde zu kümmern, als Predigten oder Artikel zu schreiben.» (DS Gd 197)

Die steigende kirchliche Sensibilität für die Diakonie hat aber auch äussere Gründe. So denke ich, dass die Kirche ihrem zunehmenden Bedeutungsverlust je länger desto mehr einzig mit ihrem diakonischen Engagement entgegenhalten kann. Und dass sie deshalb in vermehrtem Mass aufzuzeigen bemüht ist, welche Leistungen sie für die Gesamtgesellschaft erbringt.

Viele Menschen bleiben ja auch vor allem deshalb Mitglieder der Kirche, weil diese diakonisch tätig ist, weil sie 'Gutes tut'. Die kirchliche Verkündigung ist für diese Menschen irrelevant geworden, sie möchten mit ihrem Steuerbeitrag aber weiterhin das soziale Engagement der Kirche unterstützen. In manchen Kantonen dürfen die Kirchensteuern der juristischen Personen nicht mehr für kultische Zwecke eingesetzt werden, sondern müssen für soziale oder kulturelle Aufgaben verwendet werden.

Zusammenarbeit mit gesellschaftlichen Gruppierungen
Für die konkrete Umsetzung diakonischer Projekte ist es dringend nötig, dass sich kirchlich domizilierte Gruppen vernetzen mit Gruppen und Einzelpersonen, die nicht (mehr) in der Kirche beheimatet sind. Die Kirche kann damit aufzeigen, dass sie nicht Besitzstandwahrung und Selbsterhaltung im Blick hat, sondern das Engagement in der Gesellschaft und für die Gesellschaft und deren schwächste Glieder. Es kann nicht darum gehen, wie ich es kürzlich im Aufgabenbeschrieb des Stelleninserats für eine Diakoniestelle las, «Kinder und Familien ins Kirchenleben zu integrieren». Die Kirche soll nicht ihr Eigenleben in den Mittelpunkt stellen, sondern «Kirche für andere» sein.

Bei ihrem gesellschaftlichen Engagement sollte sich die Kirche auch nicht irritieren und einschüchtern lassen von Stimmen, die ihr schnell einmal Einmischung in die Politik vorwerfen. Steckt doch hinter diesem Vorwurf ein sehr begrenztes Verständnis von Politik. Es verkennt, dass Schweigen und Nichtstun genauso politisch wie Einmischung ist: Wer zu Unrecht schweigt, handelt nicht weniger politisch als derjenige, der es bekämpft. Auch für die Kirche gilt, was ich kürzlich auf einem Transparent einer Black lives matter-Demonstration las: «silence = violence». Zudem suggeriert der Begriff 'Einmischung', das gesellschaftspolitische Engagement sei keine kirchliche Aufgabe. Dass dem nicht so ist, halten erfreulicherweise auch kantonale Kirchenordnungen fest, wie beispielsweise diejenige des Evangelisch-reformierten Synodalverbandes Bern-Jura-Solothurn: „Die Kirchgemeinde ist aufgerufen zur Mitarbeit am Frieden, an weltweiter Gerechtigkeit und Stärkung der Menschenrechte." (Art. 84)

Als Musterbeispiel dieses Engagements sehe ich die aktuelle kirchliche Unterstützung für die Konzernverantwortungsinitiative, die von einer breiten Allianz der Zivilgesellschaft getragen wird. Von den Landeskirchen über die Freikirchen bis zu verschiedensten christlichen Gemeinschaften erhält die Initiative eine überaus breite Unterstützung. Beispielhaft gelingt in diesem Fall auch die Vernetzung von kirchlichen Organisationen mit nichtkirchlichen Gruppierungen.

Fazit: Das Wort und die Tat der Liebe waren bei Jesus untrennbar verbunden. Die Kirche darf deshalb nicht länger die Verkündigung als Hauptsache und die Diakonie als Nebensache behandeln. Gerade in der heutigen Zeit kann sie mit uneigennützigem diakonischen Handeln ihre Glaubwürdigkeit unter Beweis stellen.

3.4 Abendmahl – Festfreude statt Todesstimmung

Das Abendmahl gilt in der reformierten Kirche als Sakrament (sichtbares Zeichen der Gegenwart Gottes). Trotzdem fristet es ein wenig beachtetes Dasein. Der überwiegenden Mehrheit der reformierten Kirchenmitglieder blieb und bleibt es ein fremdes Ritual. Das hat verschiedene Gründe.

Im Unterschied zur römisch-katholischen Kirche, wo die Eucharistie Teil jeder Messe ist, finden reformierte Abendmahlsgottesdienste bedeutend seltener statt. Ursprünglich gar nur an den hohen kirchlichen Feiertagen. Das verunmöglicht ein Vertraut werden mit diesem Ritual. Zudem wurde das Abendmahl lange Zeit als ein vom Wortgottesdienst getrenntes Ritual gefeiert. Wer nicht teilnehmen wollte, konnte die Kirche während eines Orgelspiels verlassen. Ich habe diese Praxis als Kind selber noch erlebt.

Sie vermittelte den Eindruck, es brauche für die Teilnahme am Abendmahl eine besondere Haltung und innere Bereitschaft.

Bis vor wenigen Jahrzehnten war die Zulassung zum Abendmahl an die Konfirmation gebunden. Diese Regelung verhinderte das Entstehen einer Vertrautheit mit diesem Ritual während der Zeit des kirchlichen Unterrichts. Mit der Folge, dass für die Mehrheit der Neukonfirmierten ihre erste Teilnahme am Abendmahl gleichzeitig die letzte war – wenn nicht für immer, so doch für längere Zeit. Schon Gottfried Keller hat diesen Umstand in seinen bekanntesten Roman «Der grüne Heinrich» aufgenommen. Er lässt Heinrich von seinem ersten Abendmahl unter anderem mit folgenden Worten berichten: «Je näher das Ende rückte und mir die Freiheit winkte, desto trefflicher fand ich die Predigt ... Meine Stimmung wurde immer heiterer; endlich fand das Abendmahl statt; aufmerksam verfolgte ich die Zubereitungen und beobachtete alles sehr genau, um es nicht zu vergessen; denn ich gedachte nicht mehr dabei zu erscheinen.» (GK 323)

Erdrückende Schwere
Die Verbindung mit dem Tod Jesu macht das Abendmahl zu einer ernsten Sache und verleiht ihm eine Schwere, die erdrückend wirken kann. Erst recht, wenn der Tod Jesu dargestellt wird als Sühnopfer zur Vergebung unserer Sünden. Mit dieser Deutung verliert das Abendmahl zudem seine Plausibilität für eine Mehrheit der ZeitgenossInnen. Denn diese sehen sich nicht in einem Zustand der Sünde, aus dem sie erlöst werden müssten. Die Aussage, dass Jesus für unsere Sünden gestorben sei, ist keine objektive Heilstatsache, sondern eine historisch entstandene Deutung des Kreuzestodes Jesu, und zwar eine von vielen. (Mehr dazu in Kap. 4.2)

Die Deutung der Elemente Brot und Wein als Leib und Blut Jesu Christi überhöht das Abendmahl. In den Erläuterungen der Evangelisch-reformierten Kirche Schweiz drückt sich das so aus: «Er (Christus) wird uns zur Speise und verbindet sich mit uns: Die Gemeinde nimmt ihn in sich auf und Christus nimmt sie in die ewige Bewegung seiner Hingabe an Gott hinein.» (L16) Mit solchen theologisch aufgeladenen und für ein heutiges durchschnittliches Kirchenmitglied kaum nachvollziehbaren Formulierungen wird das Abendmahl dem Lebens- und Verständnishorizont der Teilnehmenden entrückt. Gleichzeitig werden – gleichsam überirdische – Erwartungen geweckt, die unerfüllbar sind und nur in Enttäuschung und Ernüchterung enden können. Noch einmal Gottfried Keller, bzw. der grüne Heinrich: «Als ich den Becher in der Hand hielt, blickte ich fest in den Wein, ehe ich trank; aber es rührte mich nicht, ich nahm einen Schluck, gab die Schale weiter, und indem ich ... den Wein hinabschluckte, drehte ich ungeduldig mein Sammetbarett in der Hand und mochte kaum das Ende des Gottesdienstes abwarten, da es anfing, mich gewaltig an den Füssen zu frieren.» (GK 324)

Meine eigene Erinnerung an mein erstes Abendmahl nach erfolgter Konfirmation ist zwar nur noch schwach. Ich meine aber, mich beim Trinken des Traubensafts verschluckt zu haben, da ich so angespannt war. Diese Anspannung rührte wohl daher, dass uns der Pfarrer im Rahmen der Vorbereitung das Abendmahl als etwas Besonderes, ja Heiliges ans Herz gelegt und uns ermahnt hatte, es nicht mit unwürdigen Gedanken zu uns zu nehmen. Ob er diese Mahnung mit einer diesbezüglich gerne zitierten Bibelstelle aus dem 1. Korintherbrief verband, weiss ich nicht mehr. Paulus mahnt die Korinther dort: «Wer auf unwürdige Weise das Brot isst oder den Kelch des Herrn trinkt, der macht sich schuldig am Leib und Blut des Herrn.» (1. Kor. 11,27) So oder so führte das Erlebnis bei mir zunächst zu einer eher verkrampften Beziehung zum Abendmahl.

Ausschliessend statt gemeinschaftsstiftend
Die geschilderte 'Aufladung' des Abendmahls in (theologisch-)intellektueller wie emotionaler Hinsicht, die Seltenheit der Teilnahme und die oft unterschiedlichen Formen und Regeln der praktischen Durchführung führten bei vielen Kirchenmitgliedern zu

Unsicherheit oder gar Angst, mit ihrer inneren Haltung den kirchlichen Erwartungen nicht zu genügen oder bei der Teilnahme etwas falsch zu machen. Seit der Zulassung der Kinder haben immerhin die Abendmahlsfeiern in den Familiengottesdiensten eine gewisse Unbeschwertheit und Natürlichkeit in die reformierte Abendmahlspraxis gebracht.

Entgegen seiner gemeinschaftsstiftenden Absicht, war die Entwicklung des Abendmahls lange Zeit von einem ausschliessenden Charakter geprägt. Diese setzte schon in den Anfängen des Christentums ein:

- Zuerst wurden durch die Taufe als Teilnahmevoraussetzung alle Ungetauften ausgeschlossen.

- Mit der Einführung der Erstkommunion und später der Konfirmation wurden die Kinder ausgeschlossen (Ausnahme: In der orthodoxen Kirche gehörten Kinder immer selbstverständlich dazu, sogar schon als Säuglinge).

- Durch die Kirchenspaltungen wurde jeweils die andere Konfession ausgeschlossen.

- Die beiden Reformatoren Martin Luther und Ulrich Zwingli konnten sich ausgerechnet beim Abendmahl nicht auf ein gemeinsames Verständnis einigen. (Eine Abendmahlsgemeinschaft zwischen Lutheranern und Reformierten ist erst seit 1973 möglich.)

- Die römisch-katholische Kirche schliesst bis heute wiederverheiratete Geschiedene aus.

Theologische Unterschiede – man könnte auch sagen: dogmatische Spitzfindigkeiten – verhindern bis heute ein gemeinsames Abendmahl aller christlichen Konfessionen. Die Kritik an diesem Ärgernis ist weitgehend verstummt. Das mag damit zu tun haben, dass Menschen sich mit der Zeit an Manches gewöhnen. Vor allem aber ist es Ausdruck des Masses an Bedeutungslosigkeit, das die gottesdienstlichen Regelungen der Kirchen inzwischen erreicht haben: Für die Mehrheit der Zeitgenossen sind sie schlicht irrelevant.

Festliches Zusammensein statt steifes Ritual

Die oben erwähnte Mahnung des Paulus an die Korinther bezüglich unwürdigem Genuss des Abendmahls – das wurde mir erst Jahre später klar – zielt übrigens nicht auf die Reinheit der Gedanken. Vielmehr kritisierte Paulus den Umstand, dass bei den Mahlfeiern der Korinther die einen schon zu essen begannen, bevor die letzten (vermutlich Sklaven, die noch arbeiten mussten) eingetroffen waren. Und er tat dies ziemlich unverblümt: «Jeder nimmt beim Essen sein eigenes Mahl vorweg, und der eine hungert, der andere ist schon betrunken.» (1. Kor. 11,21) Paulus redet also keiner selbstquälerischen Gedankenkontrolle das Wort, sondern ruft den Korinthern die schlichte Verhaltensregel in Erinnerung: «Wenn ihr zum Essen zusammenkommt, wartet aufeinander!» (1. Kor. 11,33)

Die von Paulus angesprochene Unsitte wird nur vor dem Hintergrund verständlich, dass in den ersten christlichen Gemeinden das Abendmahl mit einem Sättigungsmahl verbunden war. Dies geschah in Anknüpfung an die offenen Tischgemeinschaften, die als bedeutender Teil des Wirkens Jesu erinnert wurden. Zugleich als starkes Zeichen seiner Botschaft, dass es bei Gott kein Ansehen der Person gibt. Ausdruck davon gibt in den Evangelien die Frage bzw. der Vorwurf der Pharisäer an die Jünger Jesu: «Warum isst euer Meister mit Zöllnern und Sündern?» (Matth. 9,11)

Insbesondere in den jungen christlichen Gemeinden im palästinensischen Raum waren diese Tischgemeinschaften verbreitet, ohne in einen Zusammenhang mit dem letzten Mahl Jesu und seinem Tod gebracht zu werden. In den anderen Verbreitungsgebieten des Christentums wurde das Sättigungsmahl bald einmal aus der gottesdienstlichen Versammlung ausgegliedert. «Im Gottesdienst verblieb eine kultische Handlung, die mit dem Hinweis auf das letzte Abendmahl den Tod Jesu vergegenwärtigte.» (HF ChG 140)

Die Erkenntnisse der theologischen Forschung legen nahe, dass Jesus zwar mit seinen Jüngern ein Abschiedsmahl gefeiert hat, „wir (dessen) Ablauf und Sinn aber nicht sicher rekonstruieren können." (GTAM 383) Insbesondere enthalten die Abendmahlsberichte im Neuen Testament nicht die historische Erinnerung an dieses Mahl. Vielmehr stellen sie stark stilisierte, liturgische Texte der frühen Kirche dar. Zudem setzen sie den Tod Jesu bereits voraus. „Vor allem aber besteht die Problematik der vermeintlichen Einsetzungsworte darin, dass die ... Sühnopferdeutung der Verkündigung Jesu im Ganzen widerspricht." (HH 117)

Das heute in den Kirchen gefeierte Abendmahl kann also aus historisch-kritischer Sicht nicht als Einsetzung Jesu verstanden und verkündet werden. Deshalb müsste die reformierte Kirche streng genommen auf die Bezeichnung des Abendmahls als Sakrament verzichten. Denn die Einsetzung durch Jesus wurde von den Reformatoren als Kriterium für die Reduktion der sieben katholischen Sakramente auf zwei angeführt (Abendmahl und Taufe). Zudem ist es für mich nicht plausibel, die zeichenhafte Gegenwart Gottes auf zwei historisch entstandene Rituale zu beschränken. Jede liebevolle Umarmung, jede aufmunternde Geste kann als sicht- und spürbares Zeichen der Gegenwart Gottes verstanden werden.

Das Johannesevangelium kennt übrigens das Abendmahl nicht. Es setzt als Abschiedshandlung die Fusswaschung Jesu an seinen Jüngern an dessen Stelle.

Was bedeutet all dies nun für die heutige und künftige kirchliche Abendmahlspraxis?

Die Verbindung des Abendmahls mit dem Tod Jesu ist – noch stärker als dies schon geschieht – zu relativieren. Ich stimme dem katholischen Theologen Hubertus Halbfas zu, der vorschlägt, bei den Abendmahls- bzw. Eucharistiefeiern stärker an der offenen und inklusiven Mahlpraxis des historischen Jesus anzuknüpfen. Konkret würde dies beispielsweise bedeuten,

- dass der alle einschliessende Charakter des Abendmahls über alles gestellt wird
- dass nicht mehr zwingend die traditionellen ‚Einsetzungsworte' gesprochen werden müssen
- dass im Mittelpunkt das Teilen von Essen und Trinken steht. Dieses Teilen kann wohl mit Brot und Wein, aber ebenso mit anderen Elementen geschehen
- dass auch vor oder nach dem Gottesdienst angebotene Gemeinschaftsformen wie Chilezmorge, Apéro, Kirchenkaffee, Suppenessen als dem Abendmahl ebenbürtige Formen verstanden und gedeutet werden.

Fazit: Das in den Kirchen heute gefeierte Abendmahl geht nicht auf eine Einsetzung durch Jesus zurück. Die Einsetzungsworte sind kein historischer Bericht eines solchen Ereignisses. Die Verbindung des Abendmahls mit dem Tod Jesu ist deshalb zu relativieren. Die kirchliche Abendmahlspraxis sollte anknüpfen an den Tischgemeinschaften, die ein wichtiges Element der Lebenspraxis Jesu bildeten. Das Abendmahl sollte weniger als kultisches Ritual, sondern als Gemeinschaftsmahl gefeiert werden. Verschiedene und vielfältige Formen des Teilens sollten gleichwertig nebeneinander Platz haben.

3.5 Lebensrituale

Auf regen Zuspruch stösst die Kirche nach wie vor mit ihrem Angebot der Kasualien: Taufe, Konfirmation, Trauung, Abdankung. Sie werden auch Amtshandlungen genannt, da ihr Vollzug in der Regel kirchlichen AmtsträgerInnen vorbehalten ist. Die Taufe hat in der reformierten Kirche eine besondere Stellung, da sie als Sakrament verstanden wird.

Die Kasualien sind von dem in den Kapiteln 3.1 und 3.2 beschriebenen Bedeutungsverlust kirchlicher Angebote weniger stark betroffen. Denn auch Mitglieder, die den traditionellen Glaubenswahrheiten kritisch gegenüberstehen und den Sonntagsgottesdienst nicht (mehr) besuchen, nehmen die Kasualien weiterhin in Anspruch.

Über diesen Zuspruch hätte man sich von kirchlicher Seite eigentlich freuen können. Tatsächlich wurde er von den Vertretern der Kirche jedoch oft problematisiert. Kritisch bewerteten sie insbesondere den Umstand, dass distanzierte Mitglieder die Kasualien zwar in Anspruch nahmen, aber deren traditionelle theologische Deutung nicht mehr teilten. So konnte der Vorwurf etwa lauten: Die Leute wollten bloss den kirchlichen Segen, sich aber nicht mehr auf christliche Inhalte verpflichten. Oder es gehe ihnen einzig darum, ihrem privaten Fest einen feierlichen Rahmen zu geben.

Als Ausweg aus diesem Dilemma wurde die Strategie propagiert, die Kasualien als missionarische Gelegenheiten zu nutzen: Den der Kirche entfremdeten Anwesenden sollten explizit die traditionellen Glaubenswahrheiten verkündet werden. Es zeigte sich jedoch, dass diese für eine solche Art von ‚Missionspredigt' weitgehend unempfänglich blieben.

Das ist nicht weiter erstaunlich. Denn einerseits fühlen sich die Teilnehmenden dadurch in keiner Weise wahr- und ernstgenommen. Anderseits steht für die meisten nicht die spezifisch christliche Deutung der Kasualien im Vordergrund, sondern deren Charakter als ‚rites de passage' – Übergangsriten an wichtigen Lebensstationen, wie sie in allen Religionen existieren. Das heisst, sie entsprechen einem allgemeinen religiösen Bedürfnis und nicht dem speziellen Wunsch, sich bei diesen Lebensereignissen der kirchlichen Gemeinschaft zugehörig zu fühlen.

Die traditionellen theologischen Begründungen der Kasualien zielen deshalb heute ins Leere. Denn es gibt sie schlicht deshalb noch, weil „das Christentum in die Rolle der Religion hineingewachsen ist und ... hier wie in anderen Fällen klassische Aufgaben der Religion übernimmt." (FW 61) Gewiss soll die Kirche diese Übergangsriten aus christlicher Perspektive gestalten. Jedoch nicht im traditionellen Sinn und nicht mit dem Anspruch der Hüterin, Vertreterin und Verkündigerin von überlieferten Glaubenswahrheiten. Vielmehr soll sie auch hier im partnerschaftlichen Dialog und im Ernstnehmen der religiösen Mündigkeit und Selbstbestimmtheit der Teilnehmenden „den christlichen Glauben in seiner lebensdienlichen Kraft ... verdeutlichen." (WG 21)

Auch der von mir postulierte Verzicht auf ein theistisches Gottesverständnis erfordert eine Revision der Kasualien. Gott kann nicht mehr als Handelnder verstanden werden, wie dies insbesondere im traditionellen Verständnis der Taufe der Fall ist.

Ich schlage deshalb vor, die kirchlichen Kasualien von ihrem traditionellen theologischen Ballast zu befreien, sie als religiöse Lebensrituale zu verstehen und – gespiesen aus dem Kern der christlichen Tradition – als Feiern des Lebens und der Liebe zu begehen. Was dies für die einzelnen Rituale bedeuten könnte, möchte ich in der Folge kurz andeuten.

3.5.1 Taufe – Liebe als Verheissung und Bedingungslosigkeit

«Durch ihre Taufe werden Menschen mit Jesus Christus verbunden und in seinen Leib, die weltweite Kirche, aufgenommen. Gott schliesst in der Taufe einen Bund mit der getauften Person.» (L17)

Nur schon diese Kurzfassung des Taufverständnisses auf der Website der Evangelisch-reformierten Kirche Schweiz zeigt: Die Taufe ist dasjenige Ritual, das am stärksten theologisch aufgeladen ist. Zudem ist die Taufe explizit und im Kern mit einem theistischen Gottesverständnis verbunden. Schon Paulus hatte ihr grosses Gewicht gegeben mit seiner Deutung als „sakramentales Nacherleben des Todes Jesu" (EKL IV 663) und Auferweckung zu einem neuen Leben in Gerechtigkeit. Und bereits in urchristlicher Zeit war die Taufe Ort der Sündenvergebung und der Verleihung des Heiligen Geistes. Sie war verbunden mit einem Glaubensbekenntnis des (ursprünglich erwachsenen) Täuflings – was bis heute die Debatte um die Berechtigung der Säuglingstaufe am Leben hält.

Der Taufe wird auch dadurch eine besondere Bedeutung verliehen, dass sie als eine Anordnung Jesu Christi dargestellt wird. So heisst es beispielsweise im Tauf-Artikel der Kirchenordnung des Evangelisch-reformierten Synodalverbandes Bern-Jura: „Die Kirche tauft im Auftrag Jesu Christi.» (Art. 30 Abs. 1) Es herrscht heute allerdings theologischer Konsens darüber, dass der sogenannte 'Taufbefehl' Jesu im Matthäusevangelium (Matth. 28,18-20) eine spätere redaktionelle Ergänzung ist und nicht auf Jesus zurückgeht. Zwar wurde in der Urkirche von Anfang an getauft, diese Praxis lässt sich jedoch nicht auf eine Anordnung Jesu zurückführen.

Das geschilderte traditionelle ‚Bedeutungs-Konglomerat' der Taufe ist heute kaum mehr zu vermitteln. Es ist für die überwiegende Mehrheit der Eltern auch nicht mehr relevant, wenn sie ihre Kinder taufen lassen möchten. Ihre Erwartungen haben mehr mit dem Wunsch zu tun, das ihnen geschenkte neue Leben irgendwie zu feiern, den Zuspruch eines Segens zu erhalten, Dankbarkeit zum Ausdruck zu bringen. Bei den einen oder andern mag nach wie vor das Bedürfnis mitspielen, in eine grössere Gemeinschaft eingebunden zu sein, sich von ihr getragen zu wissen – allerdings ohne sich dafür weltanschaulich verpflichten zu müssen.

Die offensichtliche Diskrepanz zwischen traditioneller Bedeutung der Taufe und den Erwartungen der Taufeltern ist letztlich nicht zu überbrücken. Entweder hält die Pfarrerin, der Pfarrer an der traditionellen Deutung fest, versucht diese in seiner Taufliturgie allenfalls zu reduzieren oder sprachlich anzupassen – und die Eltern nehmen dies in Kauf. Oder die Taufe wird neu gedeutet, indem sie sich einerseits öffnet für ein nicht-theistisches Gottesbild und anderseits die Bedürfnisse und Erwartungen der Eltern ernstnimmt und aufnimmt. Gerade das Verständnis von Gott als Liebe (siehe Kap. 1.3) könnte am Beginn eines neuen Menschenlebens akzentuiert werden im Sinne von Liebe als Verheissung und Bedingungslosigkeit. Das hiesse, das Liebespotential, das im Täufling, wie auch in den Mitfeiernden angelegt ist, zu feiern und zu dessen bedingungsloser Verwirklichung zu ermutigen.

Nach diesem neuen Verständnis würde nicht mehr der Täufling durch die Taufe in einen neuen Stand Gott und der Kirche gegenüber versetzt. Angesprochen wären in erster Linie die Taufeltern, aber auch die anwesenden Verwandten, ebenso die Gottesdienstgemeinde.

Nach wie vor erachte ich es als sinnvoll, dieses Taufritual in einem öffentlichen Gottesdienst zu feiern. Denn ein Kind ist nie nur Mitglied einer Familie, sondern ebenso Teil einer grösseren menschlichen Gemeinschaft. Auch wenn die Taufeltern diesen Aspekt meist nicht (mehr) im Blick haben, sollte die Kirche sie dafür zu gewinnen versuchen.

Wo dies nicht gelingt, tut die Kirche jedoch gut daran, sich offen zu zeigen für Tauffeiern im privaten Rahmen. Deren Vorteil liegt darin, dass angemessener auf die Bedürfnisse der Tauffamilien eingegangen werden kann. Zudem sind die Möglichkeiten ihrer Beteiligung an der Feier weniger eingeschränkt als in einem Gemeindegottesdienst. – Privatisierungstendenzen gab es bei den Taufen schon in früheren Zeiten. Erst um die Mitte des 19. Jahrhunderts setzte sich die Taufe in der Kirche gegenüber den Haustaufen weitgehend durch. Aus dem Ort der Taufe sollte also kein Dogma gemacht werden.

Gewiss würde eine nicht-theistische Deutung der Taufe und damit der Verzicht auf ihren Status als Sakrament einen Bruch mit der kirchlichen Tradition darstellen. Und würde auch den (jahrzehntelangen) zwischenkirchlichen Bemühungen zuwiderlaufen, sich auf ein gemeinsames Taufverständnis als Grundstein der Ökumene zu einigen. Ganz alleine wäre die reformierte Kirche ohne sakramentale Taufe allerdings nicht – die Quäker und die Heilsarmee verzichten ebenso auf sie, genauso wie auf das Abendmahlssakrament.

3.5.2 Konfirmation – Liebe als Verantwortung und Vertrauen

«Mit der Konfirmation bekennen sich junge Frauen und Männer zum christlichen Glauben. Sie bekräftigen damit ihre Zugehörigkeit zur Kirche Jesu Christi, die in der Taufe ihren Anfang nahm.» (L18)

Die traditionelle theologische Beschreibung der Konfirmation nimmt sich im Vergleich mit der Taufe bedeutend bescheidener aus. Sie steht zudem nur indirekt im Widerspruch zu einem theistischen Gottesverständnis. Nämlich dort, wo sie mit der Taufe verknüpft ist.

Der Ursprung der Konfirmation liegt in ihrem katholischen Pendant, nämlich der Firmung. Diese hatte sich in der Alten Kirche von einem ursprünglich mit der Taufe verbundenen Akt (Geistverleihung durch Salbung und Handauflegung) zu einem besonderen Sakrament verselbständigt. Die Reformatoren bestritten mit dem Argument der fehlenden biblischen Grundlage, dass die Firmung ein heilsnotwendiges Sakrament sei. Sie setzten den Schwerpunkt auf den der Konfirmation vorgelagerten Konfirmandenunterricht, der einerseits als nachgeholter Taufunterricht, anderseits zum „Erwerb des nötigen Wissens für die verständige Teilnahme am Abendmahl" diente (EKL II 1371f.)

Durch die Verbindung der Konfirmation mit dem Konfirmandenunterricht, kam diese als erstes der vier beschriebenen Rituale in der Moderne an. Die Lebenswelt der Jugendlichen verlangte nach Aufnahme im Unterricht, was zur Folge hatte, dass dieser seinen Charakter als Glaubensunterricht zunehmend verlor. Diese Veränderung wirkte sich auch auf die Gestaltung der Konfirmationen aus, in denen nicht mehr Bekenntnis und Themen des Glaubens, sondern Erfahrungen aus der Lebenswelt der Jugendlichen im Zentrum standen.

Eine Hypothek bleibt nach wie vor die Verbindung der Konfirmation mit der Taufe. Was ich bereits in Kapitel 3.1 formuliert habe, hier nochmals in Kürze: Die Konfirmation sollte nicht mehr die Taufe als Bedingung voraussetzen. Die theologische Deutung der Konfirmation als nachgeholtes Taufbekenntnis hat mit der Lebenswelt der Jugendlichen und der Bedeutung, welche die Konfirmation für sie hat, nichts zu tun. Die ebenfalls problematische Verbindung der Konfirmation mit dem Abendmahl wurde in den reformierten Kantonalkirchen der Schweiz seit den 80er Jahren des letzten Jahrhunderts nach und nach aufgegeben.

Da die Konfirmation im Unterschied zur Taufe eine kürzere geschichtliche Entwicklung aufweist, waren und sind Veränderungen leichter zu vollziehen. Dazu kommt, dass keine ökumenische Rücksichtnahme nötig ist und die Debatte deshalb unbelasteter erfolgen kann.

Ein neues Verständnis der Konfirmation könnte den Übergang vom Jugendlichen- ins Erwachsenenalter ins Zentrum stellen. Ausgehend vom oben beschriebenen Verständnis von Gott als Liebe könnte sie gestaltet werden im Sinne einer Feier der Liebe als Verantwortung und Vertrauen. Damit würde einerseits dem Erreichen der religiösen Mündigkeit der Jugendlichen und ihrem Unterwegssein zur politischen Mündigkeit Rechnung getragen. Anderseits

würden die Eltern der Jugendlichen auf die Bedeutung des Vertrauens im Prozess des Loslassens ihrer Töchter und Söhne angesprochen.

Meiner Erfahrung nach haben sich Konfirmationen in manchen
Kirchgemeinden – bei entsprechender theologischer Ausrichtung
der Pfarrerin, des Pfarrers – bereits in diese Richtung entwickelt,
ungeachtet der bestehenden traditionellen Vorgaben von Kirchenordnungen.

3.5.3 Trauung – Liebe als Versprechen und Offenheit

Alle Kulturen kennen religiöse Rituale, die eine Eheschliessung
begleiten, auch wenn diese zunächst in einem privatrechtlichen
Akt bestand. Im Unterschied zur katholischen Kirche, wo die Ehe-
schliessung ab dem 13. Jahrhundert als Sakrament galt, vertrat
Martin Luther die Meinung, die Ehe sei ein «weltlich Ding». (EKL
I 978) Damit meinte er, dass sie unter der Rechtssprechung des
Staates stehen sollte. Gleichwohl hielt er sie für «eine durch das
Wort des Schöpfers gestiftete Ordnung» (Ebd.)

Auf der Website der Evangelisch-reformierten Kirche Basel-
Stadt wird die Bedeutung der Trauung mit folgenden Worten um-
schrieben: «In der kirchlichen Trauung wird die zivilrechtlich ge-
schlossene Ehe vor Gott und der Gemeinde bekräftigt und geseg-
net. Zwei Menschen sagen Ja zueinander und bitten um Gottes Segen für ihre Liebe und den gemeinsamen Lebensweg.» (L19) Auch
wenn diese Umschreibung der Trauung ein theistisches Gottesverständnis nahelegt, sind die zentralen Elemente eines Traugottes-
dienstes nicht zwingend an ein bestimmtes Gottesverständnis gebunden und deshalb offen für ein nicht-theistisches Gottesbild. Zu
diesen Elementen gehören neben der Predigt das gegenseitige
Trauversprechen der Brautleute und der von der Pfarrerin, dem
Pfarrer zugesprochene Segen.

Eine Diskrepanz zwischen dem Eheverständnis des Brautpaares und der kirchlichen Tradition kann allerdings dort entstehen, wo in der Verkündigung die Ehe im traditionellen Sinn als göttliche Schöpfungsordnung gepriesen wird (schlimmstenfalls in der biblisch-patriarchalischen Variante), und wo ihre Unauflöslichkeit postuliert wird. Ausdruck dieser schöpfungstheologischen Deutung ist die traditionelle, das Trauversprechen abschliessende Formel «... bis dass der Tod euch scheidet.» Da das Brautpaar heute sein Trauversprechen oft selber formulieren kann, besteht kaum mehr Gefahr, dass es zu einem Eheverständnis Ja sagen muss, das es nicht teilt.

Wie könnte nun eine neue, nicht-theistische Beschreibung der kirchlichen Trauung lauten? Ausgehend vom in Kapitel 1.3 beschriebenen Verständnis von Gott als Liebe, könnte die Trauung gedeutet werden im Sinne einer Feier der Liebe als Versprechen und Offenheit. Damit würde einerseits das konkrete Trauversprechen der Brautleute gewürdigt und gleichzeitig zum Ausdruck gebracht, dass in gelebter Liebe ein grosses Versprechen liegt. Anderseits würde daran erinnert, dass gelingende Liebe immer Offenheit voraussetzt, gegenseitige Offenheit des Brautpaares für die persönliche Entwicklung des anderen, wie auch Offenheit der Hochzeitsgäste, seien es Eltern oder Freunde, die Paarbeziehung zu respektieren.

3.5.4 Abdankung – Liebe als Vergebung und Dankbarkeit

«Die Trauerfeier wird auch 'Abdankung' genannt. Gott wird dafür gedankt, was uns mit und durch den verstorbenen Menschen geschenkt wurde. Zur Abdankung gehört auch, Gott anzuvertrauen, was schwierig war oder unvollendet blieb. Und nicht zuletzt geht es darum, sich bewusst zu werden, dass Christinnen und Christen Hoffnung über den Tod hinaus haben.» (L20)

Das Neue Testament enthält keine Anweisung zu einem christlichen Ritual am Lebensende eines Menschen. Die frühen Christengemeinden griffen deshalb auf örtlich bestehende Traditionen zurück und praktizierten «die ihrem Glauben an die Auferstehung naheliegende Körperbestattung in Felshöhlen, Erdgräbern, Gruften oder Katakomben.» (EKL I 1394) Vor allem an den Gräbern der Märtyrer entwickelte sich der Brauch, das Abendmahl zu feiern. Der altkirchliche Theologe Augustin (354–430) begründete die Pflicht zum Begräbnis eines Christen damit, «dass der Verstorbene ein von Gott geschaffener und durch Christus erlöster Mensch sei, der der Totenauferstehung entgegengeht.» (Ebd. 387) Im Laufe der Zeit bildete sich eine immer umfangreichere Liturgie aus, in deren Mittelpunkt die verstorbene Person und ihr Seelenheil standen. «Nach mittelalterlichen Vorstellungen mussten die meisten Verstorbenen für kürzere oder längere Zeit ins Fegefeuer … Deshalb war die Fürbitte der Hinterbliebenen und der Gemeinde sehr wichtig.» (WN 1) Diese Zeit konnte mit zusätzlichen (bezahlten) Totenmessen verkürzt werden.

Die Reformatoren widersprachen der Vorstellung, auf das Schicksal eines Toten einwirken zu können und verurteilten die bestehenden Begräbnisfeiern als unbiblisch. Sie verstanden den Begräbnisgottesdienst ausschliesslich «als Verkündigung und seelsorgerliche Hilfe für die Hinterbliebenen.» (EKL I 395) Da eine biblische Anweisung fehlte, entwickelten sich verschiedene Varianten von Trauerfeiern. Die Bezeichnung als 'Abdankung' entstand in der Schweiz, wo «nach der Segnung des Leichnams der Dank an den Verstorbenen» üblich war.» (WN 2) Das Aufkommen der Feuerbestattung im 19. Jahrhundert hatte weltanschauliche Hintergründe: «Menschen, welche die christlichen Jenseitsvorstellungen ablehnten oder die glaubten, mit dem Tod sei alles aus, wählten die Kremation.» (WN 3)

Eine der theologischen Herausforderungen bei der Gestaltung von Abdankungen liegt für Pfarrerinnen und Pfarrer heute darin, wie sie mit den – oft nur zurückhaltend geäusserten – religiösen

Vorstellungen, insbesondere den Jenseitsvorstellungen der Angehörigen umgehen. Zum Beispiel mit ihrer Hoffnung auf ein Wiedersehen mit der verstorbenen Person im Jenseits. Dazu kommt die Vielfalt der Vorstellungen unter den übrigen an der Abdankung teilnehmenden Personen: Die einen glauben an die Reinkarnation, während anderen die Unsterblichkeit der Seele plausibel ist und für einen weiteren Teil mit dem Tod alles vorbei ist. Ein Ernstnehmen der Angehörigen und der Trauergemeinde als «souveräne Subjekte ihrer religiösen Selbstdeutung» verunmöglicht es, den Tod eines Menschen selbstverständlich in das traditionelle christliche Sinnsystem einzuordnen. Auch der Respekt vor der verstorbenen Person verbietet dies.

Im Diesseits bleiben

Bei der Gestaltung von Abdankungen habe ich mich selber an die lakonische aber hilfreiche Feststellung von Kurt Marti gehalten, dass wir uns ein Jenseits eigentlich gar nicht vorstellen können. Denn «ein Jenseits wäre doch wohl auch jenseits unseres Vorstellungsvermögens.» (KM 33) Ohnehin sehe ich die Aufgabe der Religion – auch der christlichen – nicht darin, sich mit einem hypothetischen Jenseits zu befassen, sondern darin, den Menschen bei der Bewältigung des Diesseits zu dienen.

Ich habe gute Erfahrungen damit gemacht, das Leben und die Person der/des Verstorbenen, ihre Bedeutung für die Hinterbliebenen und deren Umgang mit dem Verlust ins Zentrum des Abdankungsgottesdienstes zu stellen. Das kirchliche Ritual ist in meinen Augen ein Teil des Trauerprozesses, den die Angehörigen im Übrigen eigenständig, ihrer eigenen Religiosität entsprechend gestalten.

So möchte ich die Abdankung anders deuten, als die einleitend zitierten Sätze es tun. Sie enthalten zwar kein explizit theistisches Gottesverständnis, legen ein solches jedoch nahe. Nach meinem Verständnis hat Gott weder der verstorbenen Person das Leben geschenkt, noch hat er sie aus der Welt abberufen. Hingegen könnte das in Kapitel 3.1 beschriebene Verständnis von Gott als Liebe akzentuiert werden im Sinne von Liebe als Vergebung und Dankbarkeit. Damit würde einerseits dem Bedürfnis der Angehörigen Rechnung getragen, im Frieden von der verstorbenen Person Abschied zu nehmen. Denn «Schuldgefühle sind in irgendeiner Form bei den meisten Todesfällen anzutreffen.» (WN 8) Anderseits könnten die Hinterbliebenen dazu eingeladen werden, in der Haltung der Dankbarkeit eine Möglichkeit zur Bewältigung ihrer Trauer zu entdecken.

Wie bei der Taufe erachte ich es auch bei der Abdankung als wichtig, dass sie öffentlich gefeiert wird. Denn jeder verstorbene Mensch war nicht nur Teil einer Familie, sondern ebenso Teil einer grösseren Gemeinschaft. Auch ein Mensch, der zurückgezogen gelebt hat, war ein wichtiger und wertvoller Teil der Gesellschaft und in vielfältiger Weise mit seinem Umfeld verbunden. Das wird gewürdigt, wenn sein Hinschied öffentlich wahrgenommen und begangen wird.

4. Feste und Feiertage

Die christlichen Feste und Feiertage sind Ausdruck traditioneller Glaubenswahrheiten. Sie sind deshalb in ihrem Kern theistisch. Das ist mit ein Grund, dass sie für viele ZeitgenossInnen keine innere Bedeutung mehr haben. Im Gegenteil: Sie rufen ihnen in regelmässigen Abständen die Altertümlichkeit und Weltfremdheit des Christentums in Erinnerung. Für einen Grossteil der Gesellschaft sind sie zu reinen Frei-Tagen mutiert.

Ist es möglich, die christlichen Feiertage nicht-theistisch zu deuten? Ich möchte dies in den folgenden Kapiteln für die wichtigen Feste des kirchlichen Festkalenders versuchen. Ich halte mich dabei nicht an den Ablauf des Kirchenjahres, das ja mit Advent und Weihnachten beginnt, sondern setze ein mit dem Osterfest. Dies aus zwei Gründen: Zum einen ist Ostern das älteste der kirchlichen Feste. Zum andern lassen sich alle kirchlichen Feiertage nur von Ostern, vom Glauben an die Auferstehung Jesu her verstehen. Ja, ohne Ostern gäbe es sie gar nicht.

Nach Einschätzung der Jünger bedeutete der Karfreitag das Scheitern Jesu. Erst im Nachhinein – auf Grund ihrer Auferstehungserfahrungen – erschien ihnen sein Tod in einem anderen Licht, gaben sie ihm eine neue Deutung. Auch die Geburt Jesu erhielt ihre Bedeutung erst vom Glauben an seine Auferstehung her. Dass ein Stern sie angekündigt habe und Engelchöre sie musikalisch begleitet hätten, ist keine historische Tatsache. Die Evangelisten Matthäus und Lukas haben die Geburtsgeschichten aus österlicher Perspektive im Nachhinein geschrieben und sie quasi als Ouverturen ihren Evangelien vorangestellt.

4.1 Ostern – Auferstehung ins Diesseits

Nach biblischem Zeugnis ist Jesus am ersten Tag der Woche, am Sonntag, auferstanden. Deshalb feierten die ersten Christen – noch bevor sie ein jährliches Osterfest begingen – seine Auferstehung an jedem Sonntag. Da dieser Tag damals ein Werktag war, trafen sie sich am frühen Morgen oder am Abend zum Gottesdienst.

In den Anfängen feierten die christlichen Gemeinden das jährliche Osterfest vermutlich parallel zum jüdischen Passafest. Darauf deutet auch sein vom griechischen Begriff pascha abgeleiteter Name in verschiedenen Sprachen hin: Pâques, Pasqua oder Páscoa. Weil das Passafest jedes Jahr auf einen anderen Wochentag fiel, vertraten verschiedene Theologen die Ansicht, das Osterfest sollte jeweils am Sonntag nach dem Passafest gefeiert werden. Das Konzil von Nicäa (325) legte das Osterdatum in diesem Sinn auf den ersten Sonntag nach dem Frühlingsvollmond. Eine Praxis, die bis heute Bestand hat.

Die ursprünglich die ganze Nacht dauernde Osterfeier wurde später verkürzt und aufgeteilt in eine Osternacht- und eine Ostermorgenfeier – wobei sich die liturgische Gestaltung des Osterfestes bis heute immer wieder gewandelt hat.

Die neutestamentlichen Berichte

Das früheste biblische Zeugnis der Auferstehung Jesu – bzw. seiner Auferweckung durch Gott – finden wir in Briefen des Apostels Paulus: Nach Petrus und weiteren Jüngern sei Christus zuletzt auch ihm erschienen bzw. durch Gott offenbart worden. Dabei habe er den Auftrag erhalten, Christus zu verkündigen. Durch diese Erfahrung wird Paulus vom Christenverfolger zum Apostel. Er selber berichtet davon eher unspektakulär. Dies im Gegensatz zum Bericht des Lukas in der Apostelgeschichte, der das Ereignis dramatisch als Wandlung des Saulus zum Paulus beschreibt. Die Tradition von einem leeren Grab, wie es später die Evangelien schildern, scheint Paulus nicht zu kennen.

Schlicht aber anschaulicher als Paulus, beschreibt Markus die Auferstehungserfahrung der JüngerInnen Jesu in seinem Evangelium – dem ältesten der Evangelien. Sein Bericht wird von Matthäus und Lukas übernommen, jedoch verändert und erweitert. Gemeinsam ist ihnen allen die Erwähnung des leeren Grabes und dessen Entdeckung durch Frauen. Matthäus und Lukas fügen weitere Erzählungen hinzu. Ein später dem Markusevangelium angehängter Schluss enthält zusätzliche Auferstehungsgeschichten in Kurzfassung. Eine eigenständige Darstellung und die meisten Ostergeschichten finden sich im Johannesevangelium.

Die Auferstehung als konkreter Vorgang wird in diesen Texten nirgends beschrieben. Berichtet wird vielmehr von der Erfahrung verschiedener Jüngerinnen und Jünger, dass der Gekreuzigte ihnen erschienen sei. Aus diesen Erfahrungen «wird der Schluss gezogen, dass der tote Jesus auferstanden sein muss.» (HF DA 71) Historisch fassbar ist also nicht irgendein Auferstehungsvorgang, sondern nur der Wandel, der mit den Jüngerinnen und Jüngern geschehen ist: Ein entmutigter, zerstreuter Haufen verwandelte sich in eine Gemeinschaft, die sich neu zur Verkündigung der Botschaft Jesu berufen und ermutigt sah.

Eine Erfahrung wird zur Lehre
Die kirchliche Tradition machte aus dieser Ostererfahrung der Jünger mehr und mehr eine Lehre über die Auferstehung. Sie verschob den Schwerpunkt von der Auferstehungserfahrung der Jüngerinnen und Jünger – und der Bedeutung, die diese für sie erhielt – zu Aussagen über den neuen Zustand des Gekreuzigten als Auferstandener. Ins Zentrum rückte die Frage, was mit Jesus geschehen ist. Den Ostergeschichten geht es aber darum zu zeigen, was mit den Jüngerinnen und Jüngern geschah.

Darüber hinaus wurde die Auferstehung Jesu als objektive Tatsache verbunden mit einer spekulativen Lehre über die Auferstehung der Toten am Ende der Zeit. Damit verlagerte sich die Bedeutung der Auferstehung von der Gegenwart in die Zukunft, vom

Diesseits ins Jenseits. Deshalb stellt sich die Frage, ob die Rede von der Auferstehung heute nicht in die Irre führt. Denn die Ostererfahrung der Jüngerinnen und Jünger hat sie ins Diesseits gewiesen. Hat sie nicht zu Spekulationen über ein Jenseits verleitet. Hat sie vielmehr erkennen lassen, dass die Sache Jesu nicht verloren ist, sondern – mit ihnen – weitergeht.

Auferstehung zur Liebe

Die Auferstehung Jesu muss also nicht zwingend als übernatürliches Ereignis verstanden werden, wie dies die Beschreibung auf der Website der Evangelisch-reformierten Kirche Schweiz nahelegt: «Ostern ist das älteste und wichtigste Fest der Christenheit. Darin feiern Christinnen und Christen die Auferstehung Jesu, und damit den Sieg des Lebens über den Tod.» (L21) Die Auferstehung kann als Bild gesehen werden für die Verwandlung, ja die Auferweckung, die mit den Jüngerinnen und Jüngern geschehen ist. In diesem Sinn wird sich ein nicht-theistisches Verständnis der Auferstehung von der Vorstellung lösen, Jesus sei von einem über Leben und Tod gebietenden Gott auferweckt worden. Und ob das Grab Jesu leer gewesen sei oder nicht, ist für ein nicht-theistisches Verständnis genauso irrelevant wie die Diskussion darüber, ob man sich die Auferstehung leiblich vorstellen müsse oder nicht. Die Frage nach den faktischen Ereignissen von Ostern kann ausreichend mit der Verwandlung der Jüngerinnen und Jünger beantwortet werden. Einer Verwandlung, die in hohem Masse geschichtswirksam geworden ist.

Wie kann nun die mit dem traditionellen Auferstehungsverständnis verbundene Rede vom 'Sieg des Lebens über den Tod' nicht-theistisch gedeutet werden? Das heisst, ohne die Vorstellung, dass ein allmächtiger Gott durch die Auferweckung Jesu den Tod in irgendeiner Weise grundsätzlich relativiert habe. Ich möchte das Wort vom Sieg des Lebens über den Tod so verstehen: Wo die Liebe vor dem Tod nicht zurückschreckt, ihn in Kauf nimmt und wenn es sein muss auf sich nimmt, erweist sie sich gerade so als stärker – auch wenn der Tod als (scheinbarer) Sieger dasteht. Eine solche Liebe ermutigt, oder verpflichtet gar, immer wieder aufzustehen, sich und andere aufzurichten zu neuem Leben, neuer Liebe.

In diesem Sinn kann Gotthold Hasenhüttl sagen: «Auferstehung Jesu ist nur, wenn wir liebende Menschen werden, sonst bleibt sie ein schönes, aber doch sehr schlechtes Märchen.» (GH 73)

4.2 Karfreitag – wenn die Liebe gekreuzigt wird

Am Karfreitag gedenkt die Christenheit der Kreuzigung Jesu. Obwohl dieses Ereignis im christlichen Glauben eine zentrale Bedeutung erhielt, gehörte der Feiertag lange Zeit nicht zu den hohen christlichen Festen. Papst Urban VIII. erklärte ihn 1642 gar zu einem gewöhnlichen Werktag. In den protestantischen Kirchen erhielt der Karfreitag mit der Zeit ein grösseres Gewicht. Seit 1860 gilt er in den reformierten Gebieten der Schweiz als Feiertag. Manche Reformierte betrachten ihn gar als höchsten kirchlichen Festtag.

Das Karfreitagsgeschehen bedeutet nach traditionellem theologischem Verständnis: Jesus Christus ist für uns Menschen gestorben, genauer für unsere Sünden. So lesen wir beispielsweise auf der Website der Evangelischen Kirche in Deutschland: «Er, der Sohn Gottes, hat die Strafe für die Sünde erlitten und dadurch den Menschen befreit. Wie ein Opfertier hat er stellvertretend die Gottlosigkeit der Menschen gesühnt.» (L22)

Lange Zeit hatte dieses Verständnis für mich den Charakter einer unumstösslichen Tatsache und einer nicht hinterfragbaren Glaubenswahrheit. Bis mir bewusst wurde, dass es sich um eine erklärende Deutung des Kreuzestodes Jesu handelt. Diese Deutung findet sich – allerdings unterschiedlich akzentuiert – schon in den Schriften des Neuen Testaments:

- Die Evangelien von Matthäus und Lukas sehen in Jesus den im Buch des Propheten Jesaja beschriebenen Gottesknecht. Dieser werde den Völkern Recht und Frieden bringen, müsse aber dafür den Tod erleiden.

- Der Apostel Paulus und das Johannesevangelium verstehen Jesu Tod in Analogie zur Schlachtung der Passalämmer am jüdischen Passafest: Wie das Blut der Passalämmer seinerzeit die Befreiung der Israeliten aus der ägyptischen Gefangenschaft einleitete, befreie das am Kreuz vergossene Blut Jesu aus der menschlichen Gebundenheit an die Sünde. So kann Paulus schreiben: «Als unser Passalamm ist Christus geopfert worden.» (1. Kor. 5,7)

- Der Hebräerbrief sieht Jesus nicht nur als Opfer, sondern zugleich als Hohen Priester, der sich selbst opfert – und damit für die gesamte Menschheit Befreiung von der Sünde bewirkt.

- In verschiedenen Religionen ausserhalb des Judentums existierte die Vorstellung, man könne durch die Teilnahme am Kult zu einer Gottheit in unmittelbare Beziehung treten und dadurch persönliches Heil für sein irdisches oder jenseitiges Leben erlangen. Paulus übertrug diese Vorstellung auf die Kreuzigung und Auferstehung Christi und sagte: Durch die Taufe werde man mit Jesus gekreuzigt und begraben, wodurch der von der Sünde beherrschte Leib vernichtet und man zu einem neuen Leben auferstehen werde (Röm. 6,3ff.).

- Im 1. Timotheusbrief begegnen wir der Vorstellung, dass sich Jesus «selbst gegeben hat als Lösegeld für alle.» (1. Tim. 2,6) In den antiken Rechtssystemen bildete die Zahlung von Lösegeld eine Möglichkeit, Menschen aus der Gefangenschaft oder aus der Schuldsklaverei zu befreien. Jesu Tod bedeutete nach diesem Verständnis die Befreiung aus der Gefangenschaft der Sünde.

In ihrer unterschiedlichen Akzentuierung beziehen sich alle diese Deutungen auf das damalige Welt- und Menschenverständnis und sind von daher erklärbar: Der Mensch lebt in einem gestörten

Verhältnis zu Gott – im Zustand der Sünde – aus dem er sich nicht aus eigener Kraft befreien kann, sondern gerettet werden muss. Die Deutung des Todes Jesu als Opfer war also für die damaligen Menschen vernünftig und einleuchtend.

Die Deutungen waren auch «von der Beweislast geleitet, den Tod Christi nicht als Katastrophe, sondern vielmehr als Heilstat zu begründen.» (CMS 110) Dabei half natürlich, dass sein Tod im Licht der Auferstehung gesehen werden konnte.

Die Kirche bemühte sich in der Folge, zu einer möglichst einheitlichen Deutung des Kreuzesgeschehens zu kommen. Vor allem die Abendmahlspraxis mit ihrer Fokussierung auf Jesu Tod, leistete einen grossen Beitrag, diesen als Opfer für unsere Sünden im christlichen Bewusstsein zu verankern.

Die Erbsünde wird zum objektiven Tatbestand
Das Vordringen des Christentums in die germanische Kultur und deren Rechtsdenken führte zu einer weiteren Festschreibung der Bedeutung des Kreuzesgeschehens. Massgeblich daran beteiligt war der Theologe Anselm von Canterbury (1033 - 1109). Er deutete den Kreuzestod Jesu in juristischen Kategorien: Im Zustand der (Erb-)Sünde verweigert der Mensch Gott den Gehorsam und verletzt damit dessen Ehre. Die Bestrafung seines kostbarsten Geschöpfs ist Gott jedoch unmöglich. Um die Ehre Gottes wiederherzustellen muss eine Genugtuung geleistet werden. Der Mensch ist zur Leistung dieser Genugtuung – angesichts der Grösse seiner Schuld – nicht in der Lage. Genugtuung kann nur geleistet werden von einem sündlosen Menschen, der zugleich von göttlicher Art ist. Durch das freiwillige Opfer des Gottmenschen Jesus ist diese Genugtuung erfolgt. «Dieses Verständnis des Todes Jesu als eines notwendigen Opfertods für alle Menschen hat sich in der westlichen Christenheit durchgesetzt.» (HF MJf 53)

Sowohl die Vorstellung, dass der Mensch in einem Zustand der Sünde lebt, wie auch die Deutung des Kreuzestodes Jesu in juristischen Kategorien oder in solchen religiöser Opferpraxis, waren während Jahrhunderten nachvollziehbar und vermittelbar. Sie haben aber heute – für mich und viele ZeitgenossInnen – ihre Plausibilität verloren. (Siehe auch Kap. 1.8) Wir wollen nicht mehr an einen Gott glauben, der Menschenopfer fordert.

Die Deutung der Kreuzigung Jesu als notwendiges Sühneopfer führt auch zu einer fatalen Verengung: Sie reduziert und fixiert seine Person und sein Leben allein auf sein Lebensende. Zudem ist es theologisch äusserst fragwürdig, einer Kreuzigung – also einem unmenschlichen, ja menschenverachtenden Gewaltakt – irgendeine Heilsbedeutung zuzusprechen. Überhaupt steht jede Einbettung des Kreuzestodes Jesu in ein Glaubenssystem in Gefahr, einen Justizmord zu verharmlosen, statt ihn in seinem Schrecken stehen zu lassen.

So stellt sich die Frage: Wie anders kann denn der Tod Jesu gedeutet – und muss er überhaupt gedeutet werden?

Alternative Deutungen
Schon das Neue Testament kennt Deutungsansätze, die ohne Sühneopfervorstellung auskommen. Insbesondere das Johannesevangelium und die Johannesbriefe halten Bilder bereit, den Tod Jesu anders zu deuten. Drei Beispiele sollen dies illustrieren:

Das Gleichnis vom guten Hirten (Joh. 10) deutet den Tod Jesu als Konsequenz seiner Treue zu seinem Auftrag: Wie ein Hirte, der auch bei Todesgefahr seine Schafe nicht im Stich lässt, blieb Jesus seinem Auftrag treu.

Das Gleichnis vom Weinstock (Joh. 15) beschreibt das Verhältnis Jesu zu seinen Jüngern als Liebe auf Freundschaftsebene. Diese Liebe kann es erfordern, das eigene Leben einzusetzen: «Niemand hat grössere Liebe als wer sein Leben einsetzt für seine Freunde.» (Joh. 15,13)

Schlicht und ohne Gleichnis sagt es dieser Vers im 1. Johannesbrief: «Daran haben wir die Liebe erkannt, dass er sein Leben für uns eingesetzt hat.» (1. Joh. 3,16)

Allerdings sind auch diese Bilder und Aussagen nicht völlig frei vom Opfergedanken. Immerhin geht es um ein freiwilliges Opfer. Und es sind Bilder aus dem Alltag und Aussagen, die auch heute noch plausibel und nachvollziehbar sind.

Die Beispiele zeigen, dass es keine einheitliche neutestamentliche Deutung des Kreuzestodes Jesu gibt. Zudem legt eine historisch-kritische Lektüre der Evangelien nahe, dass Jesus selber seinen Tod nicht gedeutet hat. Das führt nochmals zur Frage: Muss Jesu Kreuzestod überhaupt gedeutet werden?

Meines Erachtens hat der Tod Jesu weder eine Heilsbedeutung für die Menschheit noch muss ihm irgendein höherer oder göttlicher Sinn zugeschrieben werden. Er wurde weder von Gott gewollt, noch von Jesus selber gesucht. Sein Tod ist schlicht und einfach den damaligen Gegebenheiten und Machtverhältnissen geschuldet, dem Zusammenwirken von religiöser und politischer Macht. Jesus 'musste' sterben, weil seine Botschaft von der bedingungslosen Nächstenliebe die religiöse und gesellschaftliche Ordnung in Frage stellte. Deren Vertreter sahen darin eine Bedrohung ihrer Autorität. Zudem kritisierte Jesus den (Opfer-)Kult am Jerusalemer Tempel. Er stellte damit das religiöse Zentrum des damaligen Judentums in Frage und gefährdete die finanziellen Einkünfte, die mit dem Tempelkult verbunden waren.

Das eigentliche Todesurteil wurde jedoch nicht vom jüdischen Hohen Rat, sondern von der römischen Besatzungsmacht in Person des Statthalters Pilatus gefällt. Das heisst, die Verantwortung für Jesu Hinrichtung lag in letzter Instanz bei den Römern. Es ist anzunehmen, dass Pilatus in Jesus einen politischen Revolutionär sah. Darauf deutet die Tafel über seinem Kreuz hin: Jesus von Nazaret, König der Juden. «Wer unerlaubterweise den Königstitel führte, beging nach römischem Recht ein Majestätsverbrechen.» (HF MJf 16) Dass Pilatus den jüdischen Autoritäten mit der Verurteilung Jesu einen Gefallen erweisen wollte, ist angesichts seines bekannten rücksichtslosen Verhaltens ihnen gegenüber eher unwahrscheinlich.

Die neutestamentlichen Passionsberichte sind keine genauen Protokolle der historischen Geschehnisse, sondern nachösterliche Glaubenszeugnisse. Zudem lassen sie eine Tendenz erkennen, «die Verantwortung für den Tod Jesu von der römischen Besatzungsmacht auf den Hohen Rat der Juden zu verlagern.» (HF MJf 19) Was mit zur verhängnisvollen geschichtlichen Entwicklung beigetragen hat, dem Judentum eine (Kollektiv-)Schuld am Tod Jesu zuzuschreiben. Die Befreiung des Kreuzestodes Jesu von der ihm zugeschriebenen fundamentalen Heilsbedeutung, nimmt auch diesem judenfeindlichen Umgang mit der Schuldfrage jegliche Grundlage.

Noch einmal: Ein nicht-theistisches Verständnis deutet und verklärt die Kreuzigung Jesu nicht mehr als göttliches Heilsereignis, wie das nach wie vor in unzähligen Kirchenliedern geschieht. «Christ ist erschienen, uns zu versühnen.» (RG 409,2) «Wie wunderbarlich ist doch diese Strafe. Der gute Hirte leidet für die Schafe.» (RG 440,4). Nicht unsere Sünden haben Jesus ans Kreuz gebracht, sondern ein fragwürdiges gerichtliches Schnellverfahren. Nicht als Erlösungstat soll die Kreuzigung erinnert werden, sondern als das, was sie ist: Ein brutaler Justizmord.

Keine allgemein gültige Deutung
Über den Befund der geschichtlichen Ereignisse hinaus kann es meines Erachtens keine allgemein gültige Deutung des Kreuzestodes Jesu geben. Und jede heutige Deutung muss klarstellen, dass es sich um eine Deutung handelt und nicht um eine historische Tatsache. Insofern kann jede Deutung nur eines von verschiedenen 'Verstehens-Angeboten' sein.

Jede Deutung des Kreuzestodes Jesu steht zudem in der Gefahr, dessen Besonderheit oder Einmaligkeit zu behaupten. Kurt Marti illustriert die damit verbundene Problematik am Beispiel des Leidens Jesu: «Fromme Exaltation hat zuweilen behauptet: Niemand musste je einmal so masslos und entsetzlich leiden wie einst Jesus. Allein, im Verlauf der menschlichen Gewaltgeschichte und desgleichen in der Gegenwart wären Abermillionen Gefolterter und Gequälter vermutlich dankbar gewesen, ihr Leiden hätte relativ so kurz gedauert wie damals dasjenige des Nazareners.» (KM 81)

Einmalig war nicht Jesu Kreuzigung. Einmalig ist die Art und Weise, wie sie geschichtswirksam wurde. Diese Geschichtswirksamkeit verdankt die Kreuzigung dem Osterereignis.

Jesu Tod erhält für mich nur deshalb eine Bedeutung, weil dieser Jesus mich mit seinem Leben und seiner Botschaft fasziniert und inspiriert. Deutungen, die sich bloss auf einer theologisch-theoretischen Ebene bewegen, kann und will ich persönlich keine Bedeutung geben. Nur Deutungen, die unmittelbar praxiswirksam werden, vermögen es in meinen Augen, dem Leben dieses Jesus und seiner Botschaft der unbedingten Nächstenliebe gerecht zu werden.

In diesem Sinn sehe ich den Karfreitag als Chance, die Geschichtswirksamkeit des Kreuzestodes Jesu zu nutzen. Das heisst, ihn in Beziehung zu setzen zu den 'Kreuzigungen', die in der Gegenwart geschehen. Denn nach wie vor werden Menschen zu Opfern religiöser und politischer Machthaber. Nach wie vor werden Menschen beseitigt, die sich für die bedingungslose Nächstenliebe einsetzen – in Gestalt der Gerechtigkeit, der Freiheit, der Wahrheit, der Menschenwürde. Dies oft ohne, dass jemand davon Notiz nimmt. Für mich erhält die Kreuzigung Jesu nur dann eine Bedeutung, wenn ich sie nicht als isoliertes Ereignis einer vergangenen Zeit sehe.

Als Gedenktag der Kreuzigung Jesu hält der Karfreitag einerseits die Erinnerung an diesen Skandal wach und öffnet uns anderseits die Augen für die Skandale des Leidens in unserer heutigen Welt. Und ermutigt uns, mit Kreuz und Leid anders umzugehen als dann, wenn wir beim Fernsehen und Zeitunglesen das Leiden einfach konsumieren und am Ende oft ratlos und ohnmächtig zurückbleiben. Dorothee Sölle sagt: «Wir können das Leiden ... schritt-weise zurückdrängen ... Aber auf all diesen Wegen stossen wir an Grenzen, die sich nicht überschreiten lassen ... Die einzige Form des Überschreitens dieser Grenzen besteht darin, den Schmerz der Leidenden mit ihnen zu teilen, sie nicht allein zu lassen und ihren Schrei lauter zu machen.» (DS L 200)

4.3 Himmelfahrt Jesu – der Glaube wird erwachsen

Die Geschichte von der Himmelfahrt Jesu finden wir nur in den Evangelien des Markus und des Lukas. Bei Markus beschränkt sie sich auf einen einzigen Satz im später hinzugefügten Schluss des Evangeliums. Lukas berichtet von ihr in zwei kurzen, unterschied-lichen Berichten am Ende seines Evangeliums und am Anfang der Apostelgeschichte.

Matthäus, Johannes und auch Paulus scheinen die Himmelfahrt als eigenständiges Ereignis nicht gekannt zu haben. Das heisst: Für sie war die Himmelfahrt Jesu in seiner Auferstehung quasi inbe-griffen. Seine Auferstehung war gleichzeitig seine Himmelfahrt. Dieser Sichtweise entspricht es, dass die Himmelfahrt Christi bis ins 4. Jahrhundert kein eigenständiges Fest im kirchlichen Festka-lender darstellte. Erst ab etwa ab dem Jahr 370 wurde sie 40 Tage nach Ostern gefeiert.

Das traditionelle theistische Verständnis der Himmelfahrt legt den Schwerpunkt auf das, was mit Jesus geschehen ist. Dement-sprechend lesen wir auf der Website der Evangelisch-reformierten Kirche Schweiz zur Bedeutung des Auffahrtstages: «Er erinnert die Gläubigen an die Aufnahme Jesu Christi in den Himmel, in den Herrschaftsbereich Gottes. Vor den Augen seiner Jünger wurde Je-sus 40 Tage nach seiner Auferstehung ... entrückt und kehrte zu seinem himmlischen Vater zurück.»

Für die Menschen in der Antike stellte die Vorstellung einer Himmelfahrt kein Problem dar. Der Himmel galt ihnen als Raum, der sich über der Erdscheibe wölbte und Gott oder den Göttern vorbehalten war. Die Aufnahme eines Menschen in diesen Raum wird in der Bibel nicht nur von Jesus, sondern ebenfalls von den alttestamentlichen Figuren Elia oder Esra berichtet. Auch in der Umwelt des Judentums waren Geschichten im Umlauf von leiblichen Entrückungen von Helden und bekannten Philosophen. Und zur Zeit der ersten Christen hatte sich die himmlische Entrückung gar zu einem wichtigen Teil des römischen Kaiserkultes herausgebildet: Erst dann konnte ein Kaiser göttlich verehrt werden, wenn der Senat Zeugen fand, welche die leibliche Entrückung, also die Himmelfahrt des betreffenden Kaisers, bestätigen konnten.

Schon Martin Luther hat sich dann aber gegen die Vorstellung des Himmels als eines räumlichen Ortes gewandt. Der Himmel sei die bildhafte «Bezeichnung eines Anderswo, eines Jenseits, in denen die Beschränkungen der geschaffenen Welt nicht gelten.» (L24) Die Erkenntnisse der Naturwissenschaften in den vergangenen Jahrhunderten lassen jedoch auch für die Möglichkeit eines solchen Jenseits, eines besonderen Herrschaftsbereichs Gottes, immer weniger Raum.

Bodenhaftung statt Himmelfahrt
Ein nicht-theistisches Verständnis der Himmelfahrt wird den Fokus auf das setzen, was mit den Jüngern geschehen ist und nicht über den neuen Aufenthaltsort Jesu spekulieren. Auch dafür finden sich Anhaltspunkte in der Himmelfahrtserzählung der Apostelgeschichte.

Zum einen in der Frage der Jünger an Jesus: «Stellst **du** in dieser Zeit das Reich für Israel wieder her?» und dessen Antwort: «**Ihr** werdet meine Zeugen sein in Jerusalem und in ganz Judäa und Samarien und bis ans Ende der Erde.» (Apg. 1,6 ff.) Das heisst: Nicht ich, sondern ihr! Für die Jünger ist der Zeitpunkt gekommen, einen Schritt in Richtung Selbständigkeit zu tun. Nun übernehmen sie die Verantwortung. Als mündige Menschen sind sie Zeugen Jesu, seiner Worte und Taten. Jesu Himmelfahrt bedeutet, dass christlicher Glaube erwachsen werden will.

Ein zweiter entscheidender Aspekt steckt für mich in der Frage der Engel an die Jünger: «Was steht ihr da und blickt zum Himmel empor?» (Ebd.) Diese Frage ist ja keine wirkliche Frage, sondern eine Aufforderung zum Blickwechsel. Weg von Jesus, weg vom Himmel, hin zur Erde. Dort liegt ihre Aufgabe. Dafür brauchen sie nicht mehr nach oben zu schauen, es gibt keine göttlichen Weisungen mehr. Sie haben alles, was sie brauchen. Und können ihre Aufmerksamkeit ungeteilt der Erde und den Menschen zuwenden.

4.4 Pfingsten – wenn die Liebe Rückenwind erhält

Das in der Apostelgeschichte geschilderte Pfingstereignis geht möglicherweise auf eine Erfahrung der Jünger Jesu am jüdischen Wochenfest zurück. Dieses fand jeweils 50 Tage nach dem Passafest statt, so auch im Todesjahr Jesu. Es ist vorstellbar, dass die Jünger sich zu diesem Wallfahrtsfest in Jerusalem versammelten, um von ihrer österlichen Auferstehungs-Erfahrung Zeugnis abzulegen und andere für die Sache Jesu zu begeistern. In diesem Rahmen mag es dann zu ekstatischen Erfahrungen gekommen sein, die in der Pfingstgeschichte des Lukas (Apg. 2) ihren Niederschlag gefunden haben. Die Rede ist von Feuerzungen, die sich auf allen Anwesenden niederliessen, von einem Sprachenwunder, das zu nationen-übergreifendem Verstehen führte und davon, dass viele der Anwesenden sich taufen liessen.

In den ersten Jahrhunderten war das Pfingstfest als Gedenktag der Geistsendung unmittelbar auf das Osterfest bezogen. Mit der Entwicklung der Himmelfahrt zu einem eigenständigen Fest, löste sich dann auch Pfingsten stärker vom Osterfestkreis und verselbständigte sich zu einem isolierten Fest des Heiligen Geistes. Dabei ist es bis heute geblieben.

Hätte sich das Pfingstverständnis des Johannesevangeliums durchgesetzt, gäbe es möglicherweise kein eigenständiges Pfingstfest. Dort geschieht nämlich die pfingstliche Inspiration der Jünger bereits an Ostern. In einer seiner österlichen Erscheinungsgeschichten lässt Johannes Jesus zu seinen Jüngern sagen: „Wie mich der Vater gesandt hat, so sende ich euch. Und nachdem er dies gesagt hatte, hauchte er sie an und er sagt zu ihnen: Heiligen Geist sollt ihr empfangen!" (Joh. 20,21f.)

Schon an Ostern – nicht erst an Pfingsten – fühlen sich die Jünger Jesu ermutigt, die Botschaft Jesu weiterzutragen – beseelt von Jesu Geist. Wie wir in Kapitel 4.1 gesehen haben, gilt dies auch für die Erscheinungsgeschichten der anderen Evangelien – ohne dass dort vom Heiligen Geist ausdrücklich die Rede ist. Die spektakuläre und wundersame Pfingsterzählung des Lukas fügt also der Ostererfahrung der Jünger nichts wirklich Neues hinzu. Sie tut ihr eher Abbruch, indem sie den Eindruck erweckt, es gehe bei der Geistsendung um ein zusätzliches, übernatürliches, gottgewirktes Ereignis.

Für ein nicht-theistisches Verständnis des Pfingstfestes möchte ich deshalb an der oben zitierten, bedeutend nüchterneren und heute eher nachvollziehbaren Erzählung des Johannes anknüpfen. Wie bereits in Kapitel 1.6 ausgeführt, sehe ich im Heiligen Geist nichts anderes als den Geist Jesu. Seit ihren Auferstehungserfahrungen sind die Jünger beseelt von diesem Geist. Das Angehaucht-Werden durch Jesus ist symbolischer Ausdruck davon. Die Jünger ,hauchen' und stecken aber auch andere mit diesem Geist an. Dass sie ihn mal stärker spüren und mal weniger stark, ist eine zutiefst menschliche Erfahrung.

In Abgrenzung und Ergänzung zur Pfingstgeschichte des Lukas ist auch festzuhalten: Der Heilige Geist zeigt sich nicht nur in emotionalen und ekstatischen Erfahrungen. Zwar können wir von ihm überraschend berührt, ja gar überwältigt werden. Genauso kann aber vernünftiges Planen und überlegtes Handeln im Geist Jesu geschehen. Auch ohne, dass wir ihn vorher herbeigebetet haben. „Der Geist weht, wo er will", lesen wir im Johannesevangelium (3,8) Erkennbar ist er daran, dass er die Liebe ins Spiel bringt. Und zwischenmenschliches Verstehen erzeugt und damit hilft, Fremdheit und Gegensätze zu überwinden. Oder wie es der Apostel Paulus sagt: „Die Frucht des Geistes aber ist Liebe, Freude, Frieden, Geduld, Güte, Rechtschaffenheit, Treue, Sanftmut, Selbstbeherrschung." (Gal. 5,22)

4.5 Weihnachten – Menschwerdung des Menschen

Das Geburtsjahr und der Geburtstag Jesu waren für die ersten Christen nicht von Bedeutung. Das lag zum einen daran, dass dieser Tag gar nicht bekannt war. Zum andern galt die Feier des Geburtstags als heidnischer Brauch. Dieses Argument findet sich beispielsweise beim Kirchenlehrer Origenes (185 – 254). Daraus lässt sich allerdings auch entnehmen, dass dieser Tag mindestens da oder dort bereits gefeiert wurde.

Belege für regelmässige Feiern der Geburt Jesu liefert ein römisches Kalenderdokument für die Stadt Rom um die Mitte des 4. Jahrhunderts. Der damalige römische Kaiser Konstantin hatte grosses Interesse, das Christentum in seine Religionspolitik einzubinden. Das Hauptfest des von ihm verehrten Sonnengottes fand am 25. Dezember statt, nach dem damaligen Julianischen Kalender der Tag der Wintersonnenwende. Wohl mit aus diesem Grund, hatten die Christen in Rom den Geburtstag Jesu auf ebendiesen Tag gelegt. Für sie war Christus die wahre Sonne, die 'Sonne der Gerechtigkeit'. Es lag also auch ein kritisches Element in der Ansetzung dieses Feiertags. Eine viel stärkere Wirkung entfaltete jedoch das Sonnensymbol als verbindendes Element zwischen den beiden Kulten. Unterstützt wohl auch durch das Bestreben Kaiser Konstantins, Sonnenkult und Christuskult zu vereinen. So ist für den Historiker Holger Hammerich ein längeres friedliches Nebeneinander der beiden Feste wahrscheinlich – bis das Christentum 380 zur Staatsreligion erklärt und heidnische Kulte verboten wurden.

Eine so grosse Bedeutung wie heute kam dem Weihnachtsfest in der Kirche jedoch lange Zeit nicht zu. Es gibt Aufzeichnungen in alten Messbüchern, die mahnen, «die Christmette nicht zu verschlafen, weil dort ein Stern angezündet werden soll.» (MMo 16) Das war alles. Zum bedeutenden volkskirchlichen Fest, ja für viele zum christlichen Hauptfest, hat sich Weihnachten erst in den zurückliegenden gut 200 Jahren entwickelt – mit Adventskranz, Adventskalender, Weihnachtsbaum, Weihnachtskrippe, Bescherung u.a.m.

Menschwerdung durch Liebe
Dieser bruchstückhafte historische Rückblick zeigt: Das Weihnachtsfest bzw. sein Stellenwert und die Art und Weise, wie die Geburt Jesu in der Kirche und darüber hinaus gefeiert wurde, war einem steten Wandel unterworfen. Bezüglich der inhaltlichen Bedeutung dieses Festes hat jedoch keine Entwicklung stattgefunden. Nach wie vor wird die Geburt Jesu bzw. ihre Deutung fast ausschliesslich in Bildern und Vorstellungen zum Ausdruck gebracht, die einem antiken Weltverständnis entstammen.

Nach diesem traditionellen theologischen Verständnis feiert die Christenheit an Weihnachten die Menschwerdung Gottes in seinem Sohn Jesus Christus. «Von des Vaters Himmelsthron / kam der eingeborne Sohn / ... angetan mit Fleisch und Blut / arm und elend uns zugut ...» heisst es im Weihnachtslied (RG 407,2).

Martin Luther hat den Gedanken der Menschwerdung Gottes in einer kurzen Geschichte illustriert: «Es war einmal ein frommer Mann, der wollte schon in diesem Leben in den Himmel kommen. Darum bemühte er sich ständig in den Werken der Frömmigkeit und Selbstverleugnung. So stieg er auf der Stufenleiter der Vollkommenheit immer höher empor, bis er eines Tages mit seinem Haupte in den Himmel ragte. Aber er war sehr enttäuscht: Der Himmel war dunkel, leer und kalt. Denn Gott lag auf Erden in einer Krippe.» (DAA)

Ein erstaunlich radikales Bild der Menschwerdung Gottes zeichnet Martin Luther hier. Mir gefällt es, und ich würde den Reformator gerne ganz beim Wort nehmen: Gott ist keine himmlische Figur mehr. Der Himmel ist leer. Gott – oder besser an Gottes Stelle – ein hilfloses Kind in der Krippe. Ein Kind, das nach Liebe fragt. Das wie jedes Kind nur Mensch werden kann, wenn es Liebe erfährt. Menschwerdung durch Liebe, das ist Weihnachten nicht-theistisch verstanden. Das Fest der Menschwerdung des Menschen durch die Liebe. Gott hat – traditionell gesprochen – seinen Platz im Himmel verlassen und ist menschlich geworden in der Liebe, die Menschen zu Menschen macht.

So verstanden kann Weihnachten – bewusst als religiöses Fest – auch gefeiert werden von Menschen, die sich vom traditionellen christlichen Verständnis gelöst haben. Sie brauchen nicht einmal auf die biblischen Weihnachtsgeschichten zu verzichten, wenn sie diese als Legenden und nicht als Verkündigung christlicher Glaubenswahrheiten verstehen. Nicht als christliche Glaubenslehre in Geschichtenform, sondern als Ressourcen für ihre Lebensgestaltung als liebende Menschen. Ohnehin sind ja die Weihnachtsgeschichten der Evangelisten Lukas und Matthäus keine historisch abgestützten Augenzeugenberichte. Haben sie diese doch erst Jahrzehnte später in Worte gefasst und quasi als Ouverturen zu ihren Evangelien komponiert. Zu einer Zeit also, da sie die ganze ‚Lebensmelodie‘ Jesu bereits kannten. Deshalb klingt in den Geburtsgeschichten schon manch ein Thema an, das später ausgeführt und vertieft wird in den Lebensgeschichten des erwachsenen Jesus.

Wir brauchen Weihnachten

Weihnachten hat sich in den vergangenen Jahrzehnten mehr und mehr von seiner Anbindung an die Kirche gelöst. Auch Menschen, die aus der Kirche ausgetreten sind, feiern Weihnachten. Ja, gar Angehörige anderer Religionen. Der Theologe und Journalist Matthias Morgenroth ortet in seiner lesenswerten Publikation «Heiligabend-Religion» eine eigentliche Sehnsucht nach Weihnachten in unserer Gesellschaft und meint: «An Weihnachten spült es sozusagen an die Oberfläche der Gesellschaft, was unterirdisch das ganze Jahr über an eigenständiger, privater, unkirchlicher (aber nicht unchristlicher!) Spiritualität wächst und gedeiht. Weihnachten ist so etwas wie das Symbol-Sammelbecken gegenwärtigen Glaubens.» (MMo 10)

Ich stimme Matthias Morgenroth zu – und wage gar zu sagen: Wenn es das Weihnachtsfest nicht gäbe, dann müssten wir es erfinden. Ein Fest nämlich, das unsere tiefsten menschlichen Wünsche aufnimmt und spiegelt. Unsere Wünsche nach Harmonie und Frieden, unsere Hoffnung, dass das Licht die Dunkelheit immer wieder erhellt, dass ein Stück 'Himmel' unsere Erde erfüllt und die Liebe unser Zusammenleben menschlicher macht.

Meines Erachtens sollte von kirchlicher Seite weniger geklagt werden über die 'Auswüchse', die das Weihnachtsfest in unserer Gesellschaft mit sich bringt. Kommt doch auch in ihnen die urmenschliche, weihnächtliche Sehnsucht zum Ausdruck nach einem guten, heilen, lichterfüllten Leben: An Weihnachten soll sie erfüllt werden. – Vielmehr sollten die Kirchen Hilfestellung anbieten, wie angesichts der unermesslichen Erwartungen sinnvoll Weihnachten gefeiert werden kann, innerhalb und ausserhalb der Familie, innerhalb und ausserhalb traditioneller Kirchlichkeit.

Die Kirchen sollten sich auch nicht beklagen darüber, dass die Leute das ganze Jahr dem Gottesdienst fernbleiben und ihn an Heiligabend als religiöse Kulisse ihrer privaten Weihnachtsfeier nutzen. Auch hier gilt es, die Menschen als souveräne Subjekte ihrer religiösen Selbstdeutung ernst zu nehmen. (Noch vorher, sich zu freuen, dass sie überhaupt kommen.) Und es dann ihnen zu überlassen, ob sie sich einfach von der festlichen Stimmung des Gottesdienstes mittragen lassen oder die Musik geniessen, bloss ins altvertraute ,Stille Nacht, heilige Nacht' einstimmen oder aber aus dem reichen Schatz der biblischen Weihnachtssymbolik etwas für sich persönlich mitnehmen möchten. Damit wäre dann auch gewährleistet, dass nicht eine Lehrveranstaltung stattfindet über die wahre, ursprüngliche, christliche Bedeutung von Weihnachten. Sondern eine Feier, die Gelegenheit bietet, in der weihnächtlichen Tradition lebensdienliche Ressourcen zu entdecken. Eine Feier, die auf diese Weise der Menschwerdung des Menschen dient.

4.6 Was wollen wir feiern?

Die traditionellen kirchlichen Festtage lassen sich längerfristig kaum als von einer gesellschaftlichen Mehrheit mitgetragene, offizielle Feiertage aufrechterhalten. Daran kann ihre nicht-theistische Deutung wenig ändern. Allenfalls lässt sich das Fortschreiten des Bedeutungsverlusts etwas verlangsamen. Dafür bräuchte es neue und alternative Gestaltungsformen. Diese müssten die Bedeutung der Feiertage und deren Relevanz für die heutige Lebenswelt plausibler darstellen. Und sie sollten weniger auf traditionelle Glaubensvorstellungen, sondern auf unser menschliches Handeln im Diesseits ausgerichtet sein. Verschiedene Kirchgemeinden sind bereits auf diesem Weg. Hier gilt es weiter und noch mutiger zu voranzugehen. Und sich von der Vorstellung zu lösen, dass jeder kirchliche Feiertag zwingend und ausschliesslich mit einem (traditionellen) Gottesdienst begangen werden muss. Im Folgenden einige Gedanken dazu:

Seit 2003 findet in Bern ein Ostermarsch statt, getragen von vielen zivilen (Friedens-)Organisationen und den Kirchen. Die Teilnehmenden setzen ein Zeichen für den Frieden, die gesellschaftliche Solidarität und einen rücksichtsvollen Umgang mit den natürlichen Ressourcen. Diese Tradition könnte auch andernorts auf Zuspruch stossen. Märsche oder Demonstrationen können als moderne Formen des alten religiösen Festtags-Rituals der Prozession gesehen werden. Dieser Brauch spiegelt sich in der gängigen Redewendung, einen Feiertag zu *begehen*. – Oder warum nicht ein österliches Benefizkonzert zu Gunsten eines lebensfördernden Projekts durchführen?

In manchen Städten finden an Karfreitag seit einigen Jahren ökumenische Kreuzwege statt. Sie sind gestaltet als eine Art Weggottesdienst mit Halt an verschiedenen Stationen. «Ob mittels Texten, Pantomime oder Musik – immer geht es darum, einen Bezug zwischen dem Leiden Christi und heutigen Situationen, in denen Menschen leiden, herzustellen.» (L25)

An Heiligabend ist der Gottesdienst wohl noch am ehesten eine Gestaltungsform, die auf Resonanz stösst. Manche Kirchgemeinden laden ein zu einem festlichen Essen, damit niemand, der es nicht will, alleine feiern muss: Weihnachten als «Fest des Dazugehörens» wie es der Schriftsteller Peter Bichsel in einer seiner Weihnachtsgeschichten nennt. (PB 109) Für Weihnachten und die Tage zwischen den Jahren könnte ein/e Künstler/in eingeladen werden, sich mit der Weihnachtsgeschichte auseinanderzusetzen und in einen Dialog mit der Gemeinde zu treten – sei es mit einem Projekt, einer Lesung oder einer Ausstellung.

An Himmelfahrt könnte zu einer Wanderung eingeladen werden. Oder zur Beteiligung an einem Naturschutzprojekt, das zusammen mit anderen Organisationen oder der Gemeinde lanciert wird.

Seit einigen Jahren treffen sich in verschiedenen Städten Menschen unterschiedlicher Nationalität zum gemeinsamen Singen in einem 'Chor der Nationen'. Diese Idee könnte – in allenfalls reduzierter Form – auch in kleineren Gemeinden aufgenommen werden. Sei es mit einem Chorprojekt auf Pfingsten hin oder einem Ad hoc-Chor-Event an Pfingsten.

Der Eidgenössische Dank-, Buss- und Bettag ist prädestiniert, die gesellschaftspolitische Verantwortung der Kirche ins Zentrum zu rücken. Auf eindrückliche (und professionelle) Weise tun dies seit Jahren die drei Landeskirchen des Kantons Luzern zusammen mit dem Regierungsrat. Ein gemeinsamer Bettagsaufruf (mitunterzeichnet von der Islamischen Gemeinde Luzern) sowie eine Plakataktion sind Teil des Projekts. Das Plakat ist nicht 'handgestrickt', sondern wird bei einem Künstler/Grafiker in Auftrag gegeben.

Neben den traditionellen kirchlichen Feiertagen könnten in neuerer Zeit entstandene Gedenktage von der Kirche aufgenommen werden. Warum nicht das traditionelle Erntedankfest verbinden mit dem von der UNO ausgerufenen Welthungertag (16. Oktober) Dorothee Sölle bringt deren Zusammenhang auf den Punkt: «Ein Erntedankfest, begangen ohne das Bewusstsein, dass zwei Drittel aller Menschen nicht satt werden, ist eine christliche Heuchelei.» (DS AaG 114) Anstelle des traditionellen Erntedank-Gottesdienstes könnte beispielsweise ein Foodsave-Bankett durchgeführt werden.

Auch der Flüchtlingstag, der Menschenrechtstag oder der Tag der Kranken bieten sich an, weiterhin und noch stärker von kirchlicher Seite mitgetragen zu werden.

Wie gesagt: Alternative und plausiblere Gestaltungsweisen der kirchlichen Festtage werden diese für die Gesamtheit der Gesellschaft nicht retten. So haben sich in den vergangenen Jahren in der Schweiz immer wieder Stimmen gemeldet – unter anderen die Freidenkervereinigung, die Jungsozialisten oder Avenir Suisse – welche die kirchlichen Feiertage ganz oder teilweise abschaffen wollen.

Diese Vorstösse werfen die Frage auf, ob es in einer spirituell immer heterogener werdenden Gesellschaft überhaupt noch möglich ist, sich auf offizielle gemeinsame Feiertage zu einigen. Ohne Kompromissbereitschaft ist dies wohl nicht möglich. Nicht vergessen werden sollte jedoch: Die christlichen Feiertage sind nicht ein bloss religiöses Gut, sie sind auch ein Erbe unserer Kultur, das nicht einfach ausradiert, sondern transformiert werden sollte.

Warum feiern wir?
Feste und Feiern gehören zu den Grundformen menschlich-gesellschaftlicher Verhaltensweisen. Der Historiker und Kulturwissenschaftler Walter Leimgruber beschreibt in einem Online-Beitrag (L26), welche Bedeutung(en) sie für eine Gesellschaft haben.

Zum einen gehe es um Entlastung und Ekstase. «Man durchbricht gemeinsam die gewohnten Konventionen, entflieht der Monotonie des normierten Alltags mit seinen bisweilen belastenden Erfahrungen.» Als Beispiele wären hier die Fasnacht oder eine Après Ski-Party zu nennen. Ein solches Fest bedeute jedoch nicht nur Entlastung für das Individuum, sondern helfe den Feiernden, «zu einem neuen Bewusstsein der Einheit und des Selbstwerts zu gelangen.»

Anderseits dienen Feste und Feiern auch der Sinnstiftung. «Der feierliche Anlass hebt den Alltag nicht auf, sondern schreibt ihm Sinn zu und rechtfertigt ihn als bedeutsam und wertvoll.» Hier wäre etwa an Jahrestage bedeutender Ereignisse oder an Einweihungsfeste zu denken.

Manche Feste vereinen beide Bedeutungselemente. «Komplexe Anlässe, wie in der Schweiz etwa die grossen eidgenössischen Feste der Verbände mit Zehntausenden von Teilnehmenden, stellen mehrschichtige Gebilde dar, die aus einem Wettkampfteil, den offiziellen Feierlichkeiten und einem Unterhaltungteil bestehen.»

Im Hinblick auf die Gegenwart merkt Walter Leimgruber an, dass die Rhythmisierung von entbehrungsreichem Alltag und ausgelassenem Fest weitgehend verschwunden sei. «Merkmal dieser Entwicklung ist, dass selbst ein banaler Vorgang wie die Eröffnung einer Autowaschanlage zum Hype und Erlebnis stilisiert wird.» Das Leben werde so zu einem Dauerfestival. «Ein Dauerfestival aber ist nichts anderes als die Auflösung des Fests, der Verlust seiner Bedeutung und die Rückkehr des Alltags.»

Freude und Trauer gemeinsam ausdrücken
Neben regelmässig wiederkehrenden Festen, braucht eine Gesellschaft Orte, wo bei wichtigen aktuellen Ereignissen kollektive Freude oder Trauer öffentlichen Ausdruck finden können. Am stärksten zeigt sich dieses Bedürfnis, wenn Unglücksfälle, Attentate oder Katastrophen, sei es lokal, national oder gar international, breite Bevölkerungsteile erschüttern. In diesen Fällen sind es nach wie vor (oft) die Kirchen, die – in Zusammenarbeit mit staatlichen Behörden und allenfalls weiteren Religionsgemeinschaften – diese Emotionen aufnehmen und ihnen in einem Ritual Ausdruck verleihen. Konfessionelle Elemente treten in solchen Situationen in den Hintergrund. Kerzen oder Blumen oder das Rezitieren von literarischen Texten sind nicht an bestimmte Konfessionen gebundene Symbole. Werte wie Solidarität, Menschenrechte oder Hoffnung – wenn auch Teil der christlichen Tradition – sind es ebenfalls nicht. Solche öffentlichen, oft in den Medien übertragene Rituale sind jedoch nicht nur Ausdruck kollektiv empfundener Gefühle. Oft sind sie auch Ventil für individuell angestaute Emotionen aus persönlichen Erfahrungen.

Wir feiern zu wenig
Auf einen theologischen, genauer jesuanischen Zugang zur Bedeutung von Festen und Feiern richtet der Theologe und Religionspädagoge Andreas Kessler sein Augenmerk. «Das Christentum ist die Religion der Tischgemeinschaft, der Gastfreundschaft ohne Ansehen der Person.» (AK 50) Er bezieht sich dabei insbesondere auf die Praxis Jesu, immer wieder an Tischgemeinschaften teilzunehmen und diese als Manifestationen der Gleichwertigkeit aller Menschen zu inszenieren. Das ging so weit, dass seine Gegner ihn als

«Fresser und Säufer» (Matth. 11,19) titulieren konnten. Solches würde man ChristInnen heutzutage eher weniger zuschreiben, merkt Andreas Kessler ironisch an. Und er ortet hier einen Mangel: «Wir laden zu wenig ein, wir feiern zu wenig.» (Ebd.)

Zum Schluss: Will ich mich (noch) Christ nennen?

Zwischenkirchliche Diskussionen und Debatten um das richtige oder ursprüngliche Verständnis dieser oder jener Glaubensaussage erwecken manchmal den Eindruck, dass gewisse Kirchen den ursprünglichen Glauben bewahrt, andere ihn verwässert hätten. Kritisch merkt Hubertus Halbfas hierzu an: „Die Vorgabe, der Glaube müsse in seiner ursprünglichen Gestalt bewahrt bleiben, scheitert bereits daran, dass es diese ursprüngliche Gestalt nicht gegeben hat." (HH KeC 99) Diese historische Tatsache sollte ernst genommen werden. „Es gibt ‚Christentümer', aber nicht *das* Christentum. Es war nie anders." (Ebd. 9) Von Beginn an wurden die Person, die Botschaft, Leben und Tod Jesu unterschiedlich aufgenommen und interpretiert. Warum sollte dies heute anders sein? Niemand kann von sich behaupten, er besitze die Original-Partitur der Lebensmelodie Jesu. Alle spielen wir nur Variationen.

Mit anderen Worten: Ich möchte die Deutungshoheit, was das Christentum ist, nicht einfach den VertreterInnen eines angeblich ursprünglichen Christentums überlassen, seien dies Angehörige einer traditionellen, evangelikalen oder fundamentalistischen Strömung. Dafür plädiert auch Hubertus Halbfas gegenüber dem Kulturhistoriker Kurt Flasch. Dieser war zum Schluss gekommen, er könne sich nicht mehr Christ nennen, weil er als Katholik viele Glaubenslehren seiner Kirche nicht mehr teile. In seinem Buch „Warum ich kein Christ bin" legt er darüber Rechenschaft ab. Hubertus Halbfas wendet ein: „Ich muss Kurt Flasch widersprechen, dass er meint, sich nicht mehr Christ nennen zu können." (HH KeC 99) Denn er „distanziert sich in seinem Buch von einem fundamentalistischen Christentum, als sei dies der Massstab, der ihn zum Nichtchristen erklären könnte." (Ebd. 97)

Gewiss ist es der Freiheit jedes Einzelnen überlassen, ob er sich Christ nennen will oder nicht. Was mich betrifft, möchte ich jedoch auf diese Bezeichnung nicht verzichten. Ist und bleibt doch die Inspiration durch die Person und Botschaft Jesu wie auch durch

Elemente der christlichen Tradition die wichtigste Quelle meiner Wertvorstellungen, meiner Religiosität, meiner Spiritualität.

Dank

Das vorliegende Buch ist nicht einfach ein Sololauf. Es ist entstanden im Austausch mit einer ganzen Anzahl Menschen. Einige davon möchte ich an dieser Stelle namentlich erwähnen.

Zuallerst danke ich meiner Lebenspartnerin Annemarie Schneider. Sie hat mein Buchprojekt vorbehaltlos unterstützt und damit in Kauf genommen, dann und wann einem gedanklich absorbierten Partner gegenüber zu sitzen oder ihm beim lauten Denken zuzuhören. Als erste Lektorin hat sie einerseits im Hinblick auf die Verständlichkeit und Relevanz der Inhalte wichtige Inputs beigesteuert. Anderseits verdanke ich ihr manchen Hinweis zur Verbesserung der Lesbarkeit.

Den KollegInnen des in der Einleitung erwähnten theologischen Gesprächskreises Ella de Groot, Doris Moser, Erika Moser und Andreas Gund danke ich für ihre Bereitschaft, Teile meines Manuskripts kritisch zu lesen und mir Feedback zu geben. Ihre Rückfragen haben mir geholfen, dies und jenes klarer zu formulieren. Ihre ermutigenden Worte haben gelegentliche Zweifel am Sinn meines Projekts schnell wieder verfliegen lassen.

Meine ehemalige Pfarrkollegin Ursula Holtey hat sich wohlwollend offen und sehr wertschätzend, aber auch kritisch differenziert mit meinen Gedanken auseinandergesetzt. Ich danke ihr für ihre Bereitschaft zu dieser Auseinandersetzung und den offenen persönlichen Austausch, der sich daraus ergeben hat.

Last not least danke ich meinem Freund und langjährigen theologischen Gesprächs- und ‚Sparring'-Partner Thomas Schüpbach-Schmid. Mit ausführlichen und differenzierten Kommentaren hat er meinen Schreibprozess begleitet und bereichert. Seine Zustimmung hat mich bestärkt. Sein Widerspruch hat mich herausgefordert, meine Position zu überdenken und entweder zu überarbeiten oder zu präzisieren.

Mein Dank gilt ebenso allen, denen ich bei kürzeren oder längeren Begegnungen, mehr oder weniger ausführlich, von meinem Buchprojekt erzählt habe und von denen ich ausnahmslos grosses Interesse und Zuspruch erfahren habe.

Ich führe den Dialog über die in meinem Buch formulierten Überlegungen und die damit aufgeworfenen Fragen gerne weiter. Dafür steht die E-Mail-Adresse bei den Angaben zu meiner Person am Anfang des Buches zur Verfügung.

Noch ein Letztes: Ich habe das Manuskript dieses Buches zu einem grossen Teil nach Beginn der Corona-Pandemie geschrieben. Diese Pandemie hat die Religionsgemeinschaften einerseits stark betroffen und herausgefordert. Anderseits zeigten sich in dieser Zeit in besonderer Deutlichkeit die Stärken und Schwächen einer Religion. Eine Zeitlang spielte ich deshalb mit dem Gedanken, dem Buch ein ‚Corona-Kapitel' beizufügen. Davon bin ich wieder abgekommen, skizziere in aller Kürze jedoch zwei Beobachtungen:

Nachdem während der ‚ersten Welle' die Gottesdienste, wie andere Veranstaltungen, eingestellt werden mussten, engagierten sich viele Kirchgemeinden in der Nachbarschaftshilfe, teilweise zusammen mit anderen Gruppierungen. Dabei ging es um so elementare Dinge wie Einkaufen oder jemand Alleinstehenden anrufen. Es war die Diakonie - die praktische Nächstenliebe - die sich in dieser Zeit als zentral und unverzichtbar erwies.

Anderseits zeigten sich auch die Schattenseiten von Religion. Nämlich dort, wo bar jeder Vernunft, die Gefahr des Virus heruntergespielt und suggeriert wurde, dass Gebet und (richtiger) Glaube vor dem Virus schützen könnten.

Mit diesen Beobachtungen schliesst sich für mich der Kreis zum Titel meines Buches: In welchen Zeiten wir auch leben – als lebensdienlich und menschenfreundlich erweist sich ein Christentum der Liebe und Vernunft.

Literatur-Verzeichnis

AK   Andreas Kessler, immanieren, Skizzen einer Religion der Immanenz Gottes in jesuanischer Tradition, Verlag tredition GmbH, Hamburg 2012

CMS   Carola Meier-Seethaler, Jenseits von Gott und Göttin. Plädoyer für eine spirituelle Ethik, Verlag C. H. Beck, München 2001

DAA   Der Andere Advent 2009/10. Meditationen und Anregungen, Kalenderblatt vom 25.12.09, Andere Zeiten e.v., Hamburg.

DB   Dietrich Bonhoeffer, Widerstand und Ergebung. Briefe und Aufzeichnungen aus der Haft, Gütersloher Verlagshaus 2019

DS AaG Dorothee Sölle, Atheistisch an Gott glauben, Walter Verlag, Olten 1968

DS DRd Dorothee Sölle, Den Rhythmus des Lebens spüren, Verlag Herder 2003

DS DRe Dorothee Sölle, Das Recht ein anderer zu werden, Kreuz Verlag, Stuttgart 1981

DS Gd Dorothee Sölle, Gott denken. Einführung in die Theologie, Kreuz Verlag, Stuttgart 1990

DS L   Dorothee Sölle, Leiden, Kreuz Verlag 2003

EF   Erich Fromm, Psychoanalyse und Religion, Wilhelm Goldmann Verlag 1981

EKL   Evangelisches Kirchenlexikon, Bände I bis IV, 3. Auflage, Vandenhoeck & Ruprecht, 1986 – 1996

FJ   François Jullien, Ressourcen des Christentums. Zugänglich auch ohne Glaubensbekenntnis, Gütersloher Verlagshaus 2019

FW   Friedrich Wintzer, Praktische Theologie, Neukirchener Verlag 1982

GH   Gotthold Hasenhüttl, Glaube ohne Denkverbote. Für eine humane Religion, Lambert Schneider Verlag 2014

GK   Gottfried Keller, Der grüne Heinrich. Zweite Fassung, Diogenes Verlag AG, Zürich 1993

GTAM   Gerd Theissen / Annette Merz, Der historische Jesus. Ein Lehrbuch, 3. Auflage, Vandenhoeck & Ruprecht, Göttingen 2001

HF A   Helmut Fischer, Alternativlos? Europäische Christen auf dem Weg in die Minderheit, TVZ 2014

HF ChG   Helmut Fischer, Christlicher Glaube – was ist das? Klärendes, kritisches, Anstösse, TVZ 2011

HF DA   Helmut Fischer, Der Auferstehungsglaube. Herkunft, Ausdrucksformen, Lebenswirklichkeit, TVZ 2012

HF MJf   Helmut Fischer, Musste Jesus für uns sterben? Deutungen des Todes Jesu, TVZ 2008

HF RoG   Helmut Fischer, Religion ohne Gott. Heute vom Glauben reden, TVZ 2017

HH   Hubertus Halbfas, Glaubensverlust. Warum sich das Christentum neue erfinden muss, Patmos Verlag 2011

HH KeC   Hubertus Halbfas, Kann ein Christ Atheist sein? Kann ein Atheist Christ sein? Patmos Verlag 2020

HO   Heinrich Ott, Die Antwort des Glaubens. Systematische Theologie in 50 Artikeln, 3. Auflage, Kreuz Verlag, Stuttgart 1981

HZ   Heinz Zahrnt, Die Sache mit Gott. Die protestantische Theologie im 20. Jahrhundert, R. Pieper & Co. München 1966 (Lizenzausgabe Ex Libris)

JSP Wda   John Shelby Spong, Warum der alte Glaube neu geboren werden muss, Patmos Verlag, Düsseldorf 2006

JSP Wsi   John Shelby Spong, Was sich im Christentum ändern muss, Patmos Verlag Düsseldorf 2004

KH   Klaas Hendrikse, Glauben an einen Gott, den es nicht gibt. Manifest eines atheistischen Pfarrers, Theologischer Verlag Zürich 2013

KHu   Klaas Huizing, Schluss mit Sünde! Warum wir eine neue Reformation brauchen, Kreuz Verlag, Hamburg 2017

KKK   Katechismus der katholischen Kirche, Online-Version deutsch von 2003

KM   Kurt Marti, Gott im Diesseits, Radius-Verlag, Stuttgart 2005

MBAG   Manfred Brun/Albrecht Grözinger, Kirche und Marktorientie-
       rung. Impulse aus der Ökumenischen Basler Kirchenstudie, Uni-
       versitätsverlag Freiburg Schweiz 2000

MK   Matthias Kroeger, Was bleiben will, muss sich ändern, Güterslo-
       her Verlagshaus 2015

MM   Markus Müller, Religion im Rechtsstaat, Stämpfli Verlag, Bern
       2017

MMo   Matthias Morgenroth, Heiligabendreligion. Von unserer Sehn-
       sucht nach Weihnachten, Kösel-Verlag, München 2003

PB   Peter Bichsel, Über Gott und die Welt, Suhrkamp Taschenbuch
       4154

RG   Gesangbuch der Evangelisch-reformierten Kirchen der deutsch-
       sprachigen Schweiz, 1998

SM   Sebastian Murken, in S. Führding/P. Antes, Säkularität in religi-
       onswissenschaftlicher Perspektive, V&R unipress

US   Ulrich Schaffer, Beten über Worte hinaus, Kreuz Verlag, Stuttgart
       1988

VG   Volker Gerhardt, Der Sinn des Sinns. Versuch über das Göttliche,
       Verlag C.H. Beck, 2017

vSM   Carel van Schaik & Kai Michel, Das Tagebuch der Menschheit.
       Was die Bibel über unsere Evolution verrät, Rowohlt Taschen-
       buch Verlag, 2. Auflage 2018

WG   Wilhelm Gräb, Glaube aus freier Einsicht. Eine Theologie der Le-
       bensdeutung, Gütersloher Verlagshaus 2015

WN   Walter Neidhart, Kasualgottesdienste und Seelsorge bei Kasua-
       lien, Vorlesung an der Uni Basel im Sommersemester 1985, zitiert
       nach persönlicher Mitschrift

Link-Verzeichnis

Das Verzeichnis ist online zugänglich unter https://t1p.de/wwig22 (l=eins) oder es kann in elektronischer Form per E-Mail angefordert werden: was.will.ich.glauben@gmail.com.

L1   https://oe1.orf.at/artikel/212533/Adolf-Hitlers-Theologie
      abgerufen am 4.5.2020

L2   https://www.evref.ch/glaube-leben/glaube/die-bibel/
      abgerufen am 27.4.2020

L3   www.gottesdienst-ref.ch

L4   https://www.die-tagespost.de/gesellschaft/feuilleton/Ein-Mensch-der-Sprache;art310,165070
      abgerufen am 28.11.19

L5   http://bookofconcord.org/german-lc.php
      abgerufen am 17.6.2020

L6   https://1000-zitate.de/autor/Mahatma+Gandhi/40.html
      abgerufen am 9.6.2020

L7   https://praesesblog.ekir.de/wp-content/uploads/2014/06/Vortrag-Schnakenberg.pdf
      abgerufen am 29.11.19

L8   http://zitate.net/albert-schweitzer-zitate

L9   https://www.praefaktisch.de/sinn-des-lebens/
      abgerufen am 13.6.2020

L10   http://eatwot.net/VOICES/VOICES-2012-1TheologicalProposal-Multilingual.pdf
      abgerufen am 19.2.2020

L11   https://frei-denken.ch/ueber
      abgerufen am 22.2.2020

L12   https://humanistische-rituale.ch/
      abgerufen am 22.2.2020

L13   https://sunday-assembly-muenchen.de/faq/
      abgerufen am 27.2.2020

L14   https://www.yumpu.com/de/document/read/26630590/glaubenssa-
       che-stapferhaus-lenzburg
       abgerufen am 29.7.2020

L15   https://www.evref.ch/glaube-leben/gottesdienst/
       abgerufen am 6.4.2020

L16   https://www.evref.ch/glaube-leben/abendmahl/
       abgerufen am 16.4.2020

L17   https://www.evref.ch/glaube-leben/leben/taufe/
       abgerufen am 5.5.2020

L18   https://www.evref.ch/glaube-leben/leben/konfirmation/
       abgerufen am 6.5.2020

L19   https://www.erk-bs.ch/trauung
       abgerufen am 5.5.2020

L20   https://www.evref.ch/glaube-leben/leben/trauerfeier-und-abdan-
       kung/
       abgerufen am 6.5.2020

L21   https://www.evref.ch/glaube-leben/glaube/christliche-feiertage/
       abgerufen am 27.5.2020

L22   https://www.ekd.de/Karfreitag-54865.htm
       abgerufen am 19.5.2020

L23   https://www.evref.ch/glaube-leben/glaube/christliche-feiertage/
       abgerufen am 3.6.2020

L24   https://www.ekd.de/christi-himmelfahrt-56098.htm
       abgerufen am 4.5.2020

L25   https://www.kath.ch/newsd/am-karfreitag-mit-dem-kreuz-quer-
       durch-schweizer-staedte/
       abgerufen am 14.9.2020

L26   https://www.unibas.ch/de/Forschung/Uni-Nova/Uni-Nova-
       115/Uni-Nova-115-Feste.html
       abgerufen am 15.9.2020

L27   https://www.horizonte-aargau.ch/wie-hast-dus-mit-der-religion/
       abgerufen am 28.10.2020

FSC
www.fsc.org
MIX
Papier | Fördert
gute Waldnutzung
FSC® C083411

Zeitfracht Medien GmbH
Ferdinand-Jühlke-Straße 7
99095 Erfurt, Deutschland
produktsicherheit@kolibri360.de